新聞のススメ　1日15分でつくる教養の土台

星海社

319
SEIKAISHA SHINSHO

はじめに 「読まなくていい」新聞ほど、便利なメディアはない

いま、若い人はほとんど新聞を読みません。

すべての情報はスマホに集約され、紙の新聞は消えゆくのみ——。私自身、現役記者時代はネット向けを優先して記事を執筆していました。「新聞はもう若者に届かない」と日本経済新聞に在籍していた時に会社の公式チャンネルでYouTubeにも取り組みました。新聞の紙面作りは実に骨が折れる作業で、こんな「昭和な仕事」をいつまでやるのかと嫌気がさすこともたびたび。当時は社内外で「紙の新聞なんて、もう誰も読んでないですよ」と公言していました。

ところが、です。

2023年6月末に日経新聞を辞めて数か月経ったある日、ふと気づきました。

紙の新聞ってメチャクチャ便利だ。

今では自分のニュースの摂取量の半分程度を新聞が占めている感覚があります。残り半分はSNSやネットメディア、Podcastの流し聞きです。

私が再発見した紙の新聞の利便性を共有したい。特に、まだ新聞を読んだことがない若い人に。そこで、20代の若者ふたり、新倉和花《にいくらのどか》さんと布施川天馬《ふせがわてんま》さんに、「30日間、新聞を読んでみよう」プロジェクトに参加してもらいました。

「教材」には日本経済新聞を使用しています。筆者は元日経新聞編集委員で、マーケットや国際情勢を中心に28年間、記者やデスクとして紙面づくりに携わりました。古巣ではありますが、本書はヨイショなし、忖度なしで企画・執筆しています。日経を普段読んでいる方には「裏読みモノ」としても楽しんでいただけるかと思います。日経関係者の皆さん、正直に書きすぎてしまったかもしれません。ご寛恕《かんじょ》を願います。

さて、「新聞を読もう」という本の冒頭からハシゴを外すようですが、新聞の最大のメリットは「読まなくてもいいこと」です。読むのではなく「眺める」でOK。紙の新聞の価値は、紙面のレイアウトと見出しにあります。ざっと眺めて日々、めくるだけでいい。時間があれば気になる記事だけ拾い読みする。

ほとんど読みもしない紙の束に1か月5000円も6000円も払うなんて、もったいない。そう思うかもしれません。

とんでもない。紙の新聞は、安いです。費用対効果、いわゆるコスパ（この言葉、あまり好きではないです）がとても良い。タイパ（もっと苦手な言葉）もとても良い。

「それはオジサン（今年で52歳です）の意見でしょ」と鼻で笑いたくなる気持ちは分かります。でも、それは「読んだことがないから」だと思います。実際、まったく触れたことがない人にとって、新聞はどこから手をつけたら良いか分からない「活字の洪水」でしょう。

新聞の読み方や徹底活用法といった類《たぐ》いの本には、腰を据えて新聞を読みこなす方法が書いてあります。でも、繰り返しますが、新聞は読む必要はないのです。そもそも、全部読む暇なんて、誰にもありません。勘所をおさえて、めくればいい。流し読みどころじゃなく、ただただ、めくればいい。

騙《だま》されたと思って30日間、本書と一緒に「新聞がある生活」を送ってみれば、手軽で楽しい新聞の読み方が身につくと思います。まったく新聞を読んだことがない人（布施川さんがそうでした）でもトライできる「めくり方」から入ります。そして、日々新聞をめくった先に、自分なりの「読み方」が見えてくるはずです。

私の持論は「新聞は連続テレビ小説だ」です。NHKが朝と昼に放送している15分枠のあの連続ドラマ、そもそもネーミングの元ネタは新聞の連載小説のはずです。かつては小説は新聞の超有力コンテンツで、夏目漱石の名作のいくつかは朝日新聞に連載されたものです。

連続テレビ小説の良いところは15分間という短い時間で、朝の支度の間になんとなく見ていれば、それなりに世界観とストーリーが頭に入ってくるところです。大きな流れがつかめていると「ここは大事なシーンだぞ」とわかるから、ちょっと集中して視聴できる。でも、1、2回くらい飛ばしてしまっても、回想シーンも入ったりしてなんとかストーリーにはついていける。毎日見ればより楽しく、でも無理しなくても視聴は続けられるゆるさもある。

新聞を日々読むのは、連続テレビ小説を見るのとよく似ています。毎朝届くので習慣にしやすい。本を読むほどの負担にはならない。毎日読めば、ドラマのストーリーが自然に入ってくるように、ニュースの流れが見えてくる。「これは大事なニュースだ」という勘も働くようになる。1日か2日飛ばしてしまっても、キャッチアップできる。

「新聞を読む人」になるメリットが今ほど大きい時代はないとも私は思います。

情報収集には、ふたつの大事な要素があります。

ひとつは「誰もが知っているべきことを押さえる」。もうひとつは「誰もが知っているわけではないことにアンテナを広げる」です。新聞は本来、前者を満たすメディアですが、幸か不幸か、日本ではもう、若者は新聞を読んでいません。なんと、50代まで広げても、購読している方が少数派です。

つまり、新聞を読むだけで、あなたは誰かと差がつけられます。「知るべきこと」を押さえつつ、「他の人が知らない情報」を入手できる。一石二鳥とはこのこと。

それでは、オジサンと若者ふたりの愉快な「30日間、新聞を読んでみよう」プロジェクトの顚末《てんまつ》をお楽しみください。

高井宏章

目次

第4章 紙の新聞を読むということ（〜30日目） 121

あとがき 154

第1章

紙の新聞、読んだことある?

いまどき、誰も読まない？

高井　最初に自己紹介を。私は高井宏章と申します。1995年に日本経済新聞社に入って、新聞記者を28年間やっていました。2023年に円満退社しまして、いまはYouTuberや経済コラムニストをやっています。

新倉　新倉和花《にいくらのどか》です。東大法学部を出て大学院で法律を学んでいましたが、今は麻雀プロをやっています。私は小学生の頃に『読売KODOMO新聞』を読んでいました。中学生になって親が読んでいた読売新聞と日刊スポーツを読むようになりましたが、徐々に読まなくなっていき、実家を出た今ではもうほとんど読んでないですね。

布施川　布施川天馬《ふせがわてんま》です。現役の東大生です。文学部です。いまは学業の傍《かたわ》らライターの活動などをしております。新聞はたぶん一度もまともに読んだことがないですね。

一同　おお～。

布施川　おためしで1部だけもらったことはありますが、結局一文字も読まないで捨てちゃいましたし……。社説は読んだことあるかな、くらいですね。

高井　まずね、おふたりに聞きたいんだけど、ニュースってどこで摂取してるの？　たとえば一時期、大谷翔平の元通訳の違法賭博問題がすごい話題になったじゃない。ああいうのってどこから知るわけ？

新倉　X（旧Twitter）ですね。

高井　Xだと、ポストを見て、気になったらリンクを踏んでニュースサイトへ飛ぶ感じだね。布施川さんは？

布施川　僕もXと、テレビですね。親がテレビをつけっぱなしにしていることが多いので、朝や夕方のニュース番組で情報が入ってくる。

高井　じゃあ、ニュースを読んだり、情報を摂取したりする時間って、1日にどれくらいあるのかな。

新倉　朝の家事を終えて、仕事を始めるまでの20分くらいですね。私はSNSを情報収集で使うことが多いので、トレンドやオススメ投稿を眺めています。

高井　その時にXを見るわけね。

新倉　そうですね。世界との接点がXくらいしかないので、暇つぶしがてらニュースポータルみたいに見ています。まあ、Xが世相を反映できているとは思わないんですけど、「鳥山明さん、亡くなったんだ」とか、大きなニュースを知る場所がそれくらいしかないので……。

高井　布施川さんはどう？

布施川　僕もほぼ同じですね。面白そうなニュースないかなーってXで探す。Xは、人との交流ではなく、情報を見に行く感じですね。ニュースリンクとか見て面白そうなやつがあったら踏むとか……。あとは、グーグルのニュースフィード。

高井　1日の摂取時間はどれくらい？

布施川　10分くらいです。

高井　なるほどね。さて、今まで考えたこともないのかもしれないんだけど、みんな、なんで新聞読まないの？　新聞を情報摂取のツールにしないのはどうして？　高いから？

新倉　実家を出た後は自分で新聞を契約したことがないから、新聞を取ろうという気にもならないですね。発想の中にないです。そもそも自分から新聞がほしいと思ったことがありません。

高井　布施川さんは？

布施川　僕は実家住まいですけど、新聞は取っていないですし、僕だけじゃなく家族全員、読まないです。

高井　そうか。そこはジェネレーションギャップがあるね。僕が育った1970年代、80年代は、たいていの家には新聞があったんです。それで、大学3年生くらいになると自分で日経新聞を購読する。就活が始まるから。就活で出会うオジサンたちの話がわからない、読まないとまずい、とりあえず読もう。そんな「常識」があった。就職後も続けて読む人が多かった。ざっとは目を通しておかないと「あれ、どう思う?」って会話についていけない。新聞が「ここまではみんな共有してるよね」という情報の土台だった時代です。

布施川　なるほど……。

高井　なーんてエラそうなこと言ったけど、僕が日経新聞をはじめてちゃんと読んだのは、日経の入社試験の面接当日の朝刊だったんだけどね(笑)

一同　え!

高井　東京の本社に向かう朝、名古屋駅の新幹線のホームの売店で初めて買いました。政治系のゼミだったので社説だけは各紙の読み比べで読んだことあったけど、経済にそんなに関心があったわけでもなく……。地元紙の中日新聞を自宅で取っていて、朝日とか他の新聞は喫茶店や大学の図書館でちょいちょい読んでいたかなー、くらいです。

布施川　それでなぜ日経に入ったんですか（笑）

高井　ま、ご縁、ですかね。それはともかく、もうひとつ伺いたいんだけど。新聞って、どんなイメージがありますか。よくネット上だと新聞とかテレビのことを「マスゴミ」っていう人もいますが、メディアとしての信用はどう？　ネットの方が情報は速いわけだし。

新倉　やっぱり、速報性はないのかなとは思います。その分、応援している球団が勝つと「明日のスポーツ新聞楽しみだなぁ」ってなりますから、そこは良し悪しかと。タイムラグは必ずしもマイナスにはならない。それにニュースって書き手の立場で書き方が変わって当たり前だとも思います。メディアは中立であるべき、と思い込んでいる人がマスコミを信用できなくなるのかなと。

高井　なるほど。布施川さんは？

布施川　新聞のいいところはやっぱり、ある程度信頼のおけるソースからまとまった情報が送られるところだと思うんですよね。

高井　読んでないのに（笑）

布施川　読んでないからこそ、そう予想してます（笑）　売れているから新聞はずっと残り続けてきたワケで、それはある程度信用できる情報をパッケージで提供してくれるからじゃないか、と。ネットメディアのニュースはひとつひとつが孤立しているので。

高い？　安い？「紙の新聞」のコスパ

高井　なるほどね。最後に、コスパとしてはどう？　いま、日経新聞は1部200円、朝刊と電子版のセットだと月5800円、夕刊付きだとプラス700円。アバウト6000円か。社員だった頃はタダで読めた身からすると、けっこう高いねえ。

新倉　「活字を提供してくれるサブスク」だと思うと、6000円はちょっと高いですよね……。小学生の頃は活字中毒だったので、毎朝まだ読んだことがない文章が届く『読売KODOMO新聞』はすごくよかったんです。大きくなるにつれて新聞を読まなくなったのは、活字に興味がなくなっていったから、という面があると思います。その細《ほそ》った「活字欲」も、今となってはネットとかで簡単に満たされるし、「読んだことがない文章」の価値は下がっていて、新聞は少し値段のハードルを感じます。

高井　そりゃ、そうだよね。『東大式節約勉強法』という本まで書いている布施川先生からしたら6000円なんてありえないんじゃないですか？（笑）

布施川　メチャクチャ安いと思いますよ。

高井　えええ！　じゃあ、なんで取らないの（笑）

布施川　1日200円払うだけで、毎日、新鮮で信頼のおける情報が届く。すごく優れているんじゃないかと思います。

高井　おおー。しかし、じゃあ、なんで取らないのか（笑）

布施川　なぜでしょう（笑）でも、最近、個人ブロガーとかがオンラインサロン開いてますよね。「投資情報を教えます！」とかいって、月に数千円とか取ってる。そういうものに金払うよりはよっぽど価値があると感じます。

高井　なるほどね。安いか高いかでいうと、僕は安いと思ってます。特に紙の新聞は格安。メディアだから「どんな情報が得られるか」が極めて重要なのは確かですが、紙の新聞には別の大きな価値があって、それは「毎日決まった形式で、決まった時間に活字を読む」習慣づけができることです。

新倉　ははあ。

高井　毎朝、自宅まで「モノ」を届けてくれる。それを読む習慣そのものに価値がある。そのための装置として紙の新聞はとても優れている。おふたりは、朝ごはん、ちゃんと食べる人？

新倉　私は食べます。

布施川　僕は食べないです。お茶を飲むくらい。

高井　朝起きてからエンジンかかるまではどれくらい？

布施川　最近はギリギリまで寝てるので……朝はあまり余裕ないですね。

高井　睡眠優先なのね。僕は朝ごはんを軽く食べる派でして、その時に新聞を読むんですよ。在宅で仕事している日は昼ごはんの時に読むこともありますが、どっちにしても、「1

日の早めの時間にざっと目を通す」と習慣化するのがオススメ。ちなみに食事中はテレビ、スマホ、マンガはナシだけど新聞だけはＯＫというのが自分ルールです。

布施川　いいですね。

高井　朝ごはんを食べながら読むというか、新聞をめくる。早いと10分くらいです。読み応えのある良い記事が多い日は1時間くらいかかるけど、平均30分いかないと思う。これを毎日続ける。新聞は続き物、連続テレビ小説みたいなものなので、できるだけ続けて読む。

新倉　連続テレビ小説ということは、過去の分から伏線を思い出したり、展開が予想できたりするんですか？

高井　そう。ニュースには「流れ」があります。ある日突然、ビックリ仰天のことが起きる場合もあるけど、多くのケースで短くて数日、たいていは数週間から数か月単位の流れがある。それを追えるようになると、面白くなってくるし、「ここは途中経過のエピソードだからスルー気味でいいな」というのも分かる。理解が深まって面白く読めるところが増えて、読まなくていい記事を見分ける嗅覚《きゅうかく》もつくから効率が上がる。

布施川　普通のドラマだと、1回でも見逃すと話が分かんなくなっちゃうような。

高井　それほど1回分が重くないのも、連続テレビ小説的なんです。普通のドラマは1回パスすると筋が追えないけど、15分単位の連続テレビ小説なら、なんとかなるじゃない。だからたまに「今日は読めなかったな」があっても全然大丈夫。

新倉　そういわれると、ちょっと気が楽になります。

高井　とにかく15分でいいので、続けるのが大事。たぶん、最初は意味が分からない言葉がいっぱい出てくるでしょう。それでも続けるコツは、分からない言葉はスルーすること（笑）たとえば今日の朝刊のこの、「グロース指数」。意味不明だよね？　こういうのは、いちいち調べず読み飛ばす。英語の長文読むときとちょっと似ているかもしれない。何度も出てきて、「ここが分からないとどうにもならん」とイライラしてから調べるくらいでちょうどいい。

新聞の価値の5割は「見出し」

高井　新聞は1日分で文庫本1冊くらいのテキストが入っていると言われています。それをどうやって15分で飛ばし読みするかといえば、見出しだけ眺めるんです。

新倉　見出しだけ、でいいんですか？

高井　それである程度、何が書いてあるかわかるように作ってある。気になったら中身を読んでみればいい。独断ですけど、紙の新聞の価値の5割以上はレイアウトを含めた見出しにあるんです。ここはネットメディアよりも価値があると断言できる。見出しを固めるのに、どれだけ労力をかけているか、ちょっと想像を絶《ぜっ》しますよ。

布施川　何がそんなに大変なんですか。

高井　新聞の見出しって最長12文字くらいしか入らないんですよ。そこに情報とニュアンスを詰め込んでいる。情報量がすごく多い。ネットの見出しはクリックしてもらうために「釣り」気味になりがちだし、検索キーワードを盛り込んだりする「SEO対策」を優先せざるを得ない。紙の見出しの方がはるかに洗練されている。

新倉　ほとんどのネットニュースだと見出しは短くて20字くらいか、それ以上ですよね。その半分だと思うとメチャクチャ短い。たとえばこの記事の見出しも、「非鉄」の2文字だけで金属の話だとわかるようになっている。

高井　全部そんな調子で、燃費がメチャクチャいいんです。朝刊の1面の見出しをどうするか、キャリア10年、20年、30年なんてベテランが何人も集まって、顔を突き合わせて、1時間、2時間とウンウンうなって決めてる時もある。あと、見出しは文言だけじゃなく、サイズと位置も情報になっている。シンプルに、見出しが大きければ、大事なニュースです。

新倉　大きさで決まるんですか（笑）

高井　シンプルでしょ。あと見出しが横向きにレイアウトされていて白抜きになっていれば、超重要とか、法則がある。重要度が高いニュースほど、見出しが目に飛び込んでくるように強調されている。複数の見出しがついている大きな記事の場合、慣れてくると、視線が誘導されて大事なポイントが順に頭に入るようにデザインされている。

新聞は「前」と「左」がえらい

高井　新聞の基本的な構成もざっと話しておきましょう。その日で一番大事な話が「1面」つまり1ページ目に入るのは分かるよね。1面にプラスして、大事な話は3面までに載っている。1、2、3ページ目までが超重要。

布施川　3面までですか。

高井　日経新聞の場合、開くと「総合面」となっているでしょ。1面と総合面、この3ページの重要度がクリティカルに高い。新聞の編集者が「全読者が読むべき」と考えるニュースを選び抜いて載せている。4面から先は各ページの左肩か右肩に「政治経済」とか「マーケット商品」とかジャンル別の分類が書いてあるでしょ。そこから飛び出すほど重要なニュースが総合面に集められているわけです。

新倉　じゃあ、この「医療介護職急増」ってニュースも、重要度が高いと判断したから、前の方に繰り上がってきたんですね。

高井　そう。後ろの方に置くと埋没しがちだから、読み落とす人が出てくる。読者がスルーするにはニュースバリューが高すぎると判断されたわけ。その中でも見出しやニュースの置き場所で重要度の重みが分かるようになっています。だから、忙しくても、1面から3面までは毎日、最低限でも見出しには目を通した方がいい。このレイアウトが持っている情報量が紙の新聞のすごく大きな価値です。

布施川　なるほど。

高井　総合面のニュースの選び方は、新聞ごとのカラーによって変わります。日経新聞はビジネスや経済の視点で重要だと判断したら、前に持ってくる、みたいな。それと、これは新聞全般に当てはまるルールだけど、見開きの両方に記事が入っていたら、左の面に重要なニュースが載っています。だから2ページ目の「総合1面」より3ページ目の「総合

2面」の方が大事。

新倉　そうなんですか。

高井　総合面以外も同じです。ここの見開きを例にとると、右面にも左面にも株式や為替《かわせ》のマーケットとか金融のニュースが載っている。で、左面はグローバルなニュース、右面は日本の話題でちょっとスケールが小さくなっている。中身を見ても左の方に重要ニュースが並んでるね。本の場合はページ順に読むわけだけど、新聞は左面のアタマ記事から読めばいい。その面の中では見出しが大きい順、目立つ位置に置いてある順に大事な記事。

新倉　そういうのを教えてもらえると、読みやすくなりますね。

社説はひとまず読まなくていい？

高井　ついでに、ひとまず読まなくていい記事を伝授しておこうか（笑）

布施川　それは助かります（笑）

高井　総合面なら「社説」はひとまず中身は読まなくていい。見出しを見て、関心があるテーマなら、読んでみてもいい、くらい。重要テーマに一区切りついたタイミングで社説は出てくるので、見出しだけは一応読んで「大事な話題なんだな」と認識しておけば十分でしょう。

新倉　なぜ中身は読まなくていいんですか。

高井　お好み次第だけど、たぶん、つまんないよ（笑）「こうするべき」といった語り口で、「そりゃそうだよね」という正論がほとんど。「国際社会は協力して問題解決に当たれ」とか言われても、困るじゃん。主流派というか保守的な見方や理想論みたいなものを知るには便利、とまで言っちゃうと、書いている人たちに怒られそうだな（笑） 僕は「まとめ記事」的に読むときがあります。ニュースは日々揺れ動くので、「あの問題、結局どうなったんだっけ？」と分かんなくなっちゃう。社説はたいてい「経緯と結論のまとめ」から「こうあるべき」という構成になっているので、一連の流れのダイジェストとして便利です。

布施川　連載記事はどうですか。

高井　日経新聞の連載だと「迫真《はくしん》」はオススメ。これ、けっこうな人数で取材チームを組んで、とにかく情報を集めまくって、えりすぐりの面白いエピソードをつなげて作ってる。この連載の担当になると、記者はすごい大変。僕もロンドンにいた頃、イギリスがEU（欧州連合）離脱を決めたときに「迫真」の取りまとめをやって死にかけました（笑） 普通の記事5本分くらいのエネルギーを1本に投入している感じかな。

布施川　「上澄みの上澄み」だけを読めるんですね。

高井　元のニュースを知らないと面白さが伝わらないことがあるので、絶対読めとまでは言いません。正直、当たり外れもある。でも、「ニュースの裏で実はこんなことがあったんだよ」みたいな、ここ以外で読めない情報が入っていることが多い。場面で展開するルポルタージュ調だから、人間臭い話が多くて読んでいて楽しいしね。ついでに連載記事の基本的なつくりと読む・読まないの見分け方も話しておこう。「迫真」とかの4〜5本の長めの連載には「2」とか「3」ってナンバーが振ってあるでしょ。連載が2〜3回の時は「上・下」か「上・中・下」になる。四角に囲んであっても、ナンバーや上中下の記載がないのは単発の企画記事です。

新倉　ほんとだ。この日の「迫真」は「3」ですね。

高井　さっきオススメと言ったけれど、今回の「迫真」は僕は読んでません（笑）「1」と「2」を読んで、今回はあまり面白くないなー、と感じたから。連載記事は、全部じゃなくていいので、初回はひとまず読んでみる。イマイチだな、と思ったら、次の日からしばらく読まなくていい「塊《かたま》り」として飛ばす。社説と「迫真」を読まないと、総合面の右ページは2本くらいしか記事はないわけです。

布施川　それだとサクサクめくれそう。

高井　「迫真」以外に1面の企画も読む価値が高いものが多い。これもすごい手間がかかってるから。ただ、初回か2回目まで読んで、つまんなかったら読まなくてもいい。無理して読むようなものじゃないから、新聞は。読まない記事を見極められると、楽にスラスラとめくっていけるようになる。情報摂取の効率が格段に上がる。僕の場合、「作る側歴28年」の蓄積があるから、見出しを見たらほぼ中身が分かる。全部読む記事の数はすごく少ない。でも「読まないものにお金を払うのは損」じゃない。見出しは目を通しているから。

新倉　見出しだけでも読む価値がある？

高井　やってみれば、言ってる意味がわかると思うよ。何度も言うけど、新聞は連続テレビ小説なので、毎日読んでいると「あ、ここ知ってる」が増える。そうすると中身まで読む部分が減っていきます。「これは昨日の続きだ」とか「これはまとめだ」みたいにスルーできる場所が見えてくる。とにかく最優先は「めくる習慣」を定着させること。

陰謀論へのワクチン

新倉　そういえば見出しで気になってることがあるんですけど、ちょっと質問していいですか。派手な見出しの例を見ようとして、安倍元首相が暗殺された時の紙面を検索したら、見出しが「撃たれ死亡」ってなってたんです。なぜ「暗殺」と書かないんでしょうか。

高井　それは、背景がまだわからない初報段階だったから、だね。思想犯とか政治犯の犯行かはまだわからないから、テロや暗殺と断定して書いて、違ってましたとするのを避けている。だから「撃たれ死亡」って事実だけを書いている。

新倉　そんな区別があるとは。知りませんでした。

高井　見出しの匙加減《さじかげん》で言えば、この記事も興味深い。「イスラエルが国際法違反」と、見出し全体にカギカッコがついてるでしょ。大使館空爆なんて明白な国際法違反だと思うけど、国際法を犯したと断定できる段階ではないから、第三者のコメントを引用する形で見出しをつけている。専門家がそうコメントしたのは事実だからね。この続きが明日以降の新聞に載る。ドラマ的にいえば「第2部第1話」って感じですかね。

新倉　見出しひとつにそんな細やかな配慮がされていると知ると、世の人が新聞を叩く言説が、なんだか的外れな指摘に思えてきますね。

高井　「イスラエルに配慮している！　偏向《へんこう》報道！」みたいなやつでしょ。

新倉　そうです。

高井　新聞社って「偏《かたよ》らない」という縛りがきついから、実際には記者の主観で偏向報道するのは難しいんですよ。特に日経はバランスを重視する傾向がある。テーマによっては新聞社全体の主張に偏りはあるかな。日経の場合は財政再建重視とかね。ただ、個々の記者が会社の路線にすべて賛同しているわけじゃないですよ。たとえば僕は過去2回の消費税引き上げには反対でした。景気のサイクルから見て、間が悪かったから。

新倉　そういうことがわかって読むかどうかで、差がつきそうですね。

高井　「マスゴミ」と呼ぶ人は「新聞を読むとバカになる」なんて言いますよね。洗脳される、みたいな。でも、それ、自分にメディアリテラシーがないと自白しているようなもんじゃないかと僕は思ってます。そもそも、新聞に限らず、信頼性100%で偏りがない情報なんて、この世にないわけで。

新倉　そうですよね。SNSの影響もあって誰にでも「フィルターバブル」ができて、触れる情報はどんどん偏っていくものだと思うんです。「自分はニュートラルな状態で正しい情報を受け取れている」と思い込むことの方がとても危険だなって。

高井　その最たる例が、「これこそ真実、これ以外はウソ」と思い込む陰謀論だよね。この一点でも、新聞を習慣とする価値はあると思う。もちろん完璧に中立で正確な情報ではありえない。そんなものは、この世にありません。でも、ネットのタコツボを抜け出して、知らない情報や別の見方に触れる機会は確実に増える。新聞も含めて「それって、違うんじゃない？」と自分の頭で考えるきっかけになる。自分の頭で考えず、誰かの価値観に「世界の見え方」がハイジャックされるのが陰謀論でしょ。新聞って陰謀論に対するワクチンみたいな効果があると思うんだよね。

布施川　なるほど。陰謀論、ハマったら人生終了ですもんね。

高井　それとね、若い人ほど新聞を読むメリットは大きいんです。なぜなら、同世代は誰も読んでないから（笑）周りの友達で紙の新聞読んでいる人、いる？

布施川　ほぼいないと思います。

高井　新聞は「この程度は知ってた方が良い情報」のパッケージなのに、誰も読まない。『シリコンバレー最重要思想家ナヴァル・ラヴィカント』という本の中で、1日に1、2時間で読書時間では世界上位0・00001％に入るだろう、という指摘があります。それが差別化、競争力につながるという話。同じように、新聞を1日15分読めば、同年代で上位1％くらいには余裕で入るはず。まったく読まない人とは、1年くらいでものすごい差がつくと思う。

新倉　おおー、確かに。

高井　てなことで、おふたりの最初の課題は、「新聞をめくること」です。「ん？」と思った記事があったら、読んでみましょう。読むのは日経新聞。自宅に届く購読契約の方が楽です。夕刊は取っても取らなくても、どちらでもいいかな。健闘を祈る！

ミニコラム

「かつての新聞大国ニッポン」

日本新聞協会の調査によると、日本国内では2000年時点で約7190万部の新聞が発行されていました。そこから年々減少が続き、2023年には約3300万部と、この24年間で半分以下にまで発行部数が減少してしまいました。

そんな現状からは想像しにくいかもしれませんが、かつて世界の新聞の総発行部数のうち、半分を日本の新聞が占めていた時代がありました。やがて中国やインドなどで新聞発行部数が急増し、日本では減少していきましたが、それでも世界ニュース発行者協会（WAN-IFRA）が発表した2016年の世界の新聞発行部数ランキングにおいて、1位に読売新聞、2位に朝日新聞、6位に毎日新聞、10位に日経新聞と、トップ10に日本の新聞社が4社ランクインするほどの発行部数を誇っていました。

しかし2022年3月、米ニューヨーク・タイムズのニュースコンテンツ有料購読者が693万人に達し、それまで発行部数で世界一を誇ってきた読売新聞の3月の朝刊販売部数687万部を上回りました。もはや日本は、世界一の新聞大国ではなくなってしまったのです。見方を変えれば、新聞を読んでいる人が減っているからこそ、新聞を読むだけで周囲と差をつけられる時代になったと言えるのかもしれません。

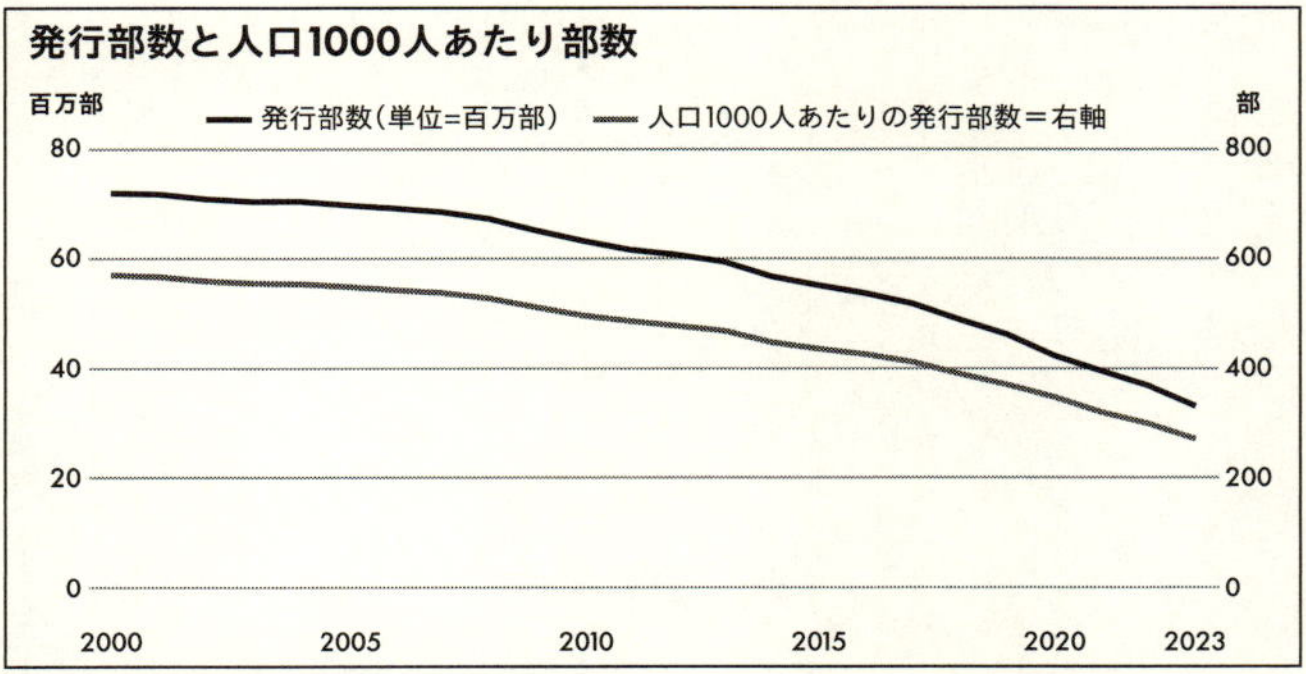

日本新聞協会「新聞の発行部数と普及度」

第2章

見出しだけ読んでみた（～10日目）

新聞は飛ばし読みが前提

高井　さて、10日間、新聞を読んでみて、何か変化はありましたか？

新倉　最初の顔合わせの帰りにコンビニで新聞を買って、次の日からは自宅に配達されるようにしました。生活サイクルの中に「新聞を読む」を入れるのは意外と難しいですね。仕事の合間にちょっと読む感じでどうにかその日のうちに目を通すようにはしているんですけれども、毎朝決まった時間に読むほどには習慣化できていません。

高井　おお、それでも毎日読めたんだね。

新倉　最初の2日間は「ちゃんと読もう」としすぎてしまって、記事の内容や感想をメモに残したりしていたんですけど、続きませんでした（笑）

高井　そんな必要ないよ！　僕でもやったことないわ。

新倉　無理でした。自分は普通よりも硬い文章が読める方だと思っていたんですけど、正直、全然読めなかったです。1日の始まりに新聞を細かいところまで読むと、もう脳のエネルギーを全部使い尽くしちゃうので、かなりきつくて。3日目くらいから、本当にさらっと、高井さんがおっしゃっていたように、肩の力を抜いて読むようになりました。

高井　ちゃんと読んでいると、1時間くらいかかるでしょう。

新倉　1時間以上かけて読んでいましたね。読み始めた時は、知らない言葉が多すぎて、何を言っているか、さっぱりわかりませんでした。たとえばこの記事、見出しだけで「投機筋が増幅」「構造的円売り」「キャリー取引」と3つも分からない言葉が出てきた。それが記事を読む上でかなり負担だったんですが、最終的にはもう諦めて流すことにして、なんとか今日まで読めているという感じですね。

高井　その感じ、すごくナイスです。一生懸命読んじゃダメ。新聞に、疲れてまで読む価値はないです（笑）それに、新聞の文章って、ふたつの意味で「完成品の文章」じゃないんですよ。まず、普通の記事は前日の夕方にかけてザーッと書いてるわけで、文章としての完成度は低い。囲みの企画記事は何日もかけて推敲するけどね。もうひとつ、こっちの方が大事で、新聞の記事は「逆三角形」で書かれているんです。

布施川　逆三角形って、どういう意味ですか。

高井　まず、本文の最初を「リード」とか「前文」って呼ぶんだけど、ここは要約になっている。超重要。基本はここだけ読めば良いというくらい重要。2コマ目から記事本文なんだけど、「大事なことから順番に書く」が基本ルールなんです。見方や評価が分かれる記事だと、最後に「押さえ」という、両論併記的な部分をくっつける場合がある。それも含めて、「きっちり最後まで読まなくてもいいですよ」という普通とは違う変な文章なんです。

新倉　通読する前提じゃないんですね。

高井　そう。起承転結とか、そういう構成になってない。いつでも途中下車OK。あと「知らない言葉がたくさん出てくる問題」ね（笑）　いちいち立ち止まって調べていたら疲れちゃう。「こんな言葉、知らん、私には関係ない」くらいに考えておけばいいんだけど、ちっちゃい記事じゃなくて、1面とか、中の方の面でも大きな記事とかで、1週間に3回も4回も出てきたら、多分、それはそこそこ大事なことのはずで。

新倉　ですよね。本当にそうだと実感しました。

高井　4段見出しの記事や、1面で3段見出しが立つような記事なら、広く一般の人でも知っていていいんじゃない、ってレベルの話なんだよね。

布施川　「3段見出し」って、どういう意味ですか。

高井　本でも「2段組み」ってあるでしょ。本文が1ページ内で2階建てになってるタイプ。あれと同じ要領で、たとえば日経新聞の場合、縦書きで1行11文字の「段」が1ページ内に15あります。見出しが3段にわたっているのが3段見出し。2段はあまりなくて、1段に収まっているのがいわゆる「ベタ記事」ですね。

布施川　3段見出しより4段の見出しの方がビッグニュース、ってことですね。

高井　そうそう。1面の3段見出しはけっこう重い。だから、その辺りに知らない言葉がちょいちょい出てくるなら、調べてみて損はない。これも「全部めくって見出しだけでも読む」の効用で、つまり、新聞に載ってる知らない言葉が多ければ多いほど、世の中を見ている時にたくさんの「穴」があるって気づける。誰にでも穴はある。僕も専門外の記事だと「なにそれ?」ってなること、ちょいちょいあります。でも、1面や総合面の記事では、ほぼない。

新倉　私は結局、終盤の株式関係のニュースが載っているページ辺りになるともうほとんどわけがわからなくて、本当に見出しだけ目を通してきた感じです。

1面アタマの見出しが
横向きになっていたら
重要ニュース。
「黒背景に白文字」は
超ビッグニュース！

見出しが大きいほど
大事な記事。
1面で4段見出しは
要注目！

縦1行分を
「段」と呼ぶ。

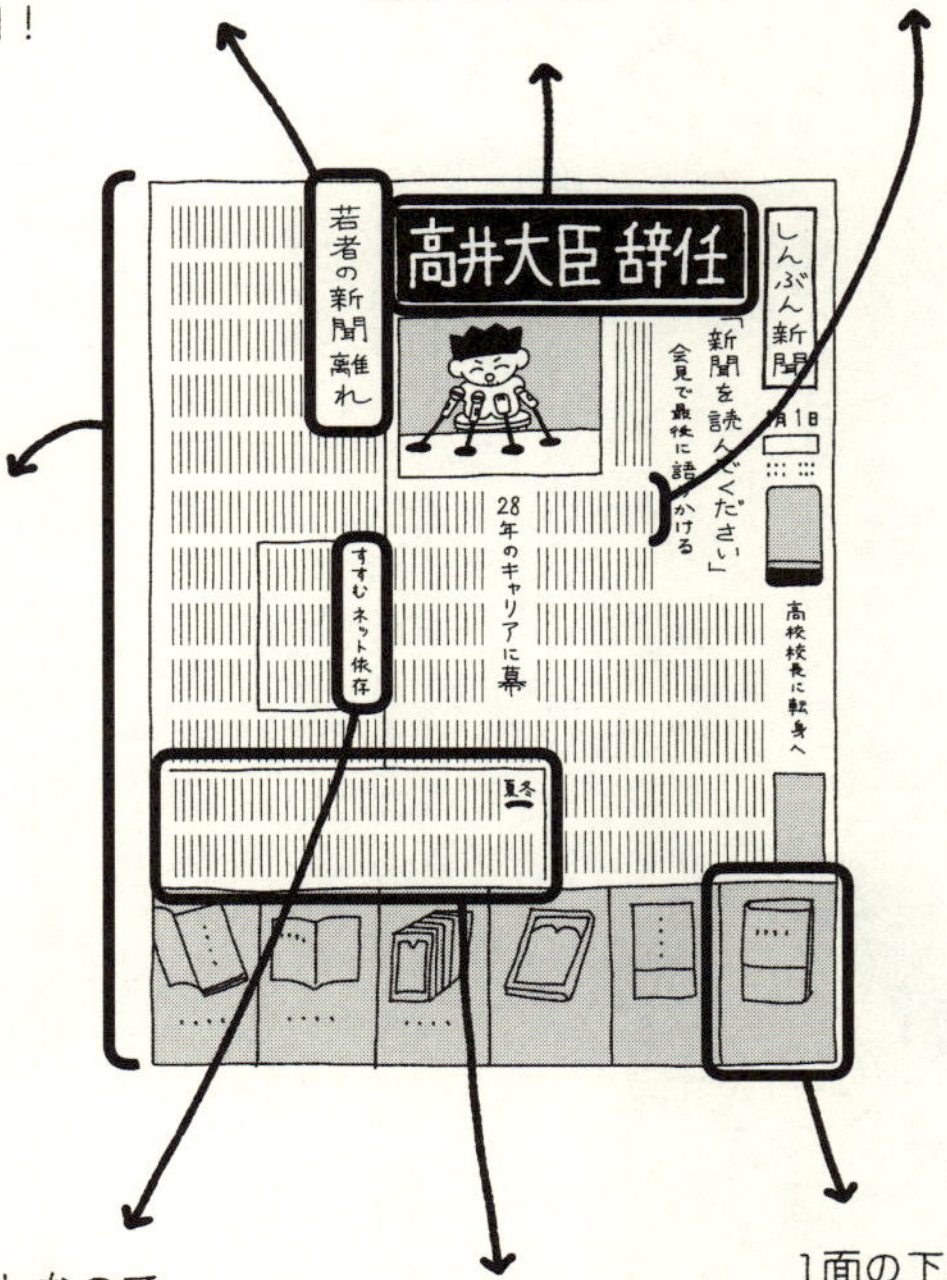

11文字
(＝1段)
×
15段

3段見出しなので
重要度が少し低い。
でも1面だから大事！

ここは各紙ともコラム。
朝日新聞の
「天声人語」が有名。

1面の下には、
見栄えがいいので
ちょっとお上品な
本の広告が入る。

高井　それでいいんだよ。後ろの方は専門用語が増えるから、分からなくて当然くらいに思った方がいい。「世の中にはこんなに知らないことがあるんだ」というメタレベルの収穫が大事。無知の知、みたいな話ね。で、布施川さんはどうでした？

布施川　僕はもともと新聞を読む習慣が全然なくて、そのうえこの1週間、風邪ひいて昼の2時まで寝ているような生活をしていたんですよ。夜になると、妙に元気になるので、夜の10時くらいから新聞を読んでいました。毎朝、新聞を読む習慣づくりは自分にはまだ早いなと思いました。

高井　まだ早いって、面白いこと言うねぇ。

布施川　朝はどうしても無理だなと思ったので、夜12時、てっぺん越えないぐらいまでに読むこと

を目標にしよう、と。新聞を読んで、すごくいいなと思ったことがあって。夜、ひとりで寂しいけどまだ寝る気分じゃないなって時に、普段は本を読んだりするんですよ。でも、そういうタイミングって不定期に来るので、1日の中にまとまって活字を読む時間はなくて。新聞のおかげでこの10日間、確定で活字を読む時間ができたので、「活字を読むこと」のリハビリにちょうどいいなと思いました。

高井　なるほどね。「活字を読む時間」は重要なファクターですね。

面白いと思ったところだけ読む

布施川　読み方は、教わった通りに見出しだけ読むようにしました。興味ないなと思ったら読まなくていいとも言われていたので、国際情勢とかは全部すっ飛ばして、ちょっと聞いたことあるな、と思ったニュースを中心に読みました。アメリカでTikTok禁止とか、リニア反対派の知事が辞任した、とか。AIがちょっと気になっていたので、その関連記事は読んだりしました。あと、読んだのは高井さんが面白いとおっしゃっていたマーケット関連のところですね。

高井　マーケット商品面とかね。あそこは、すごく面白いでしょ。

布施川　投資の情報の面がすごい面白くて。たとえば今、薬局がすごい儲かってるんだ、とか。ＡＢＣ‐ＭＡＲＴって４００億も儲かってるんだ、すげえな、とか。サイゼリヤもすごいってイメージがあったけど、利益は数十億円くらいでＡＢＣ‐ＭＡＲＴの何分の１じゃん、みたいな。会社のデカさって、ここ読めばわかるんだなぁ。

高井　そうなんです。一般の人、特に学生だと、企業のイメージって広告や実際のお店なんかで接触した情報に限られちゃうでしょ。でも、売上高や利益といった視点、あるいは株価と投資の視点だと、「いい会社」「すごい会社」って全然違ってきたりする。

布施川　あと、うちはせんべい屋をやってるんですけど、その中でカカオニブっていうのを売っているんですよ。カカオの豆を使った健康食品なんですけど、最近なかなか入ってこなくて。それが、つい最近の新聞に、ガーナとコートジボワールで不作だからカカオが採れないと書いてあって。

高井　疫病《えきびょう》でね。

布施川　そう、疫病で採れないし、先物取引をやってる連中がそれを見越して動いていて大変なことになっている、みたいなことが書いてあって、原因はこれか、と。で、昨日その現場に出て、お客様に「カカオニブは最近ちょっと難しいんですよ」って言ったら、「そうよね、あそこの国で採れないんでしょう?」「そうそう、コートジボワール」なんて会話になった。

高井　マーケット商品面はね、本当に話のネタになるのよ。

布施川　メチャクチャ面白かったですね。正直ここしか中身まで読んでないです、僕。

高井　それはね、けっこうシブい読み方（笑）　景気を分析するプロのエコノミストでも「商品面は欠かさず読む」という人はけっこういる。景気の変化の最初の兆候《ちょうこう》は、モノの流れの一番の川上、商品市況に現れるから。僕が思うに、ここは日経新聞で最も価値が高い面です。他の主要メディアには絶対載ってない話が出ている。食べ物とかの話題も多いので、身近なテーマとして考えやすい。

布施川　国際関係とスポーツは全然分からないので、ほぼ読んでないんですけど、お金の話はすごい面白くて。

高井　布施川さんはミクロ、企業の記事が刺さるんだね。ミクロは身近で分かりやすいから入りやすい。でも、カカオの話は国の農業生産の問題だから、実はマクロ経済の話。さらに、今回の原因は主に疫病や気候などの自然災害だけど、価格高騰が紛争の影響だとなれば、国際情

勢が絡む。全部つながっているんだ。たとえば、ここに円安の記事があるよね。この日に1ドル153円まで急に円安になったんだけど、なんでかわかる？

新倉 なんとなく円が安くなっていることはわかるけど、なんでこの日にこんなに円安が進行したのかは、わかりません。

すべて、つながっている！

高井 見出しのひとつに「利下げ観測後退」とあります。連続テレビ小説的に言うと、2023年から「アメリカは政策金利をもうすぐ下げる」と言われ続けているんです。でも、予想に反して、ずっと高金利をキープしていて、また改めて「しばらく利下げはないな」って見方が強まったんですね。で、その原因が同じ日の新聞に載っているこの記事です。

新倉 アメリカの物価が上昇している。

高井　そう。アメリカの消費者物価が発表されて、予想よりも物価が下がらなかった。物価がちゃんと下がらないと利下げはできない。日本の金利は大して上がっていないので、みんなはドルを買う。円安が進む。こうつながっているわけですね。僕は見出しを見た瞬間にこの流れがわかる。一方で、同じ日の新聞に「企業物価の伸び再加速か」って見出しの日本の物価の話が載っている。なぜかといえば、原油の価格が上がっているから。それでこっちを見ると、「ガソリン上昇」という見出しの記事もある。

新倉　本当だ。

高井　原油とかガソリンが上昇しているのはなぜかというと、理由はこっちの記事です。イランとイスラエルの関係が悪化して戦争になるかも、と。そりゃ原油も上がるよね。

新倉　あー、中東情勢が不安定だからか！

高井　そう。戦争が起きて原油がたとえば１バレル１００ドルとかになっちゃったら、アメリカの物価は多分また4％、5％って上がっちゃうだろうね。

新倉　全部つながってる……！

高井　だから新聞を連続テレビ小説として読んでる僕が見ると、見出しを見ただけで「こういう流れね」とわかるわけです。年の功で、僕の方が世の中を見る時の「穴」が少ない、とも言えますね。

布施川　その穴が多いと、たとえば陰謀論みたいなものにひっかかると。

高井　そこまで行かなくても、視野が狭くなって状況を見誤るというリスクがあるね。たとえば、最近、海外に投資している人が増えているでしょう。「オルカン」を買っている人は、円安になると

円建てでは儲かる。海外の株式に投資しているからね。

新倉　そうですね。

高井　だから円安になると「ラッキー！」と思うけど、ラッキーでもなんでもない。

新倉　どういうことですか。

高井　だってさ、円安になったら輸入のコストが上がる分、物価も上がるでしょ。さっきみたいな流れで、円安の理由が中東情勢のせいだったら、原油価格も上がってダブルパンチで大変。「オルカン」でもうかっても、実質的に損しちゃうかもしれない。

布施川　なるほど。

高井　しかも、本当に中東で大きな戦争が起きたら、どうなる？

布施川　株価も下がるんじゃ……？

高井　その可能性があるよね。短絡的に「円安ラッキー」としか見えていない人と、「いや待て、いろいろリスクが上がっているってことだな」と考える人とでは、行動が違ってくる。投資もそうだし、ビジネスもそうだよね。仕事の種類によっては、この辺の仕組みがわかってないと「お前何やってんの」って話になるわけ。

新倉　物価とか金利とかって、あらゆるビジネスに影響しそうですもんね。

高井　仕事によっては恥をかくっていうレベルじゃなくて、「こいつは使えない」って評価されちゃうリスクがある。就活している学生だったら、「円安が進行しているのはどういう背景があるからだと思いますか？」って面接で聞かれるかもしれないし。

布施川　そこで、金利や原油価格や中東情勢もふくめて説明できると、次の面接に進めるかもしれない、ってことですよね。

高井 そういうこと。いずれにせよ、おふたりとも、新聞を読んでみて「面白いところがある」ことはわかったでしょう?

新倉 それは間違いないです。

高井流「破いて保存」

高井 あとね、布施川さんが言ったことがすごく重要なキーワードで、僕が「紙の新聞を読んだ方がいい」っていうのは、印刷物、活字だからなんだよね。スマホで見てたら、要はネットのニュースと同じでしょ。よく知られるように、紙と画面とでは、文章を読んだ時の理解度が全然違う。脳みその使い方から違うという研究もある。だから紙で読めるって、それだけですごいアドバンテージなんだよ。新聞はその訓練というかウォーミングアップにもなる。ふだん活字に触れてない人は、本を1冊読むなんてつらいでしょ。

新倉　本当にそう思います。活字を読む力が衰《おとろ》えてるなと思いました。

高井　新聞を毎日読んでいる人と読んでいない人、日々の差はほんの少しだけど、複利というか雪だるま式で差がついていくと思う。で、活字ってことで言うと、本を1時間読んだ方が有益なので、新聞にかけるのは15分ぐらいでいいんですよ。

布施川　飛ばし読みで、良かったんだな。

高井　では今日は「15分で新聞を読む」の中級編です。今日、僕が持ってきたこの新聞は、これから説明するような「読み方」をしてしまっているんだけど、気がつきました？

布施川　はい。ページがまるまる破かれて、抜けている。

高井　そう。要は「乱暴なスクラップ」なんです。「これは」という記事を取っておく。あるいは、気になるけど長い記事をとっておいて、時間ができたら読む。昔はね、綺麗に記事を切り抜いてスクラップ帳に貼る、みたいなことをやってたけど、それはダルいでしょ。

布施川　うちの祖父はやってましたけど、僕は全然続かなそう。

高井　たとえば今日、僕が破いたのはこの大きな記事のある3面。ハサミかカッターで切り取ったら1分以上かかるけど、破るのは慣れてるので数秒です。

新倉　「物価高、家賃も動かす　指数25年ぶりに上昇」ですか。紙面の配置的にとても重要なニュースだとはわかったんですけど、ピンとこなかったやつだ。

高井　これはエポックメイキングな出来事で、保存しておいた方がいい記事。そう思ったら、ページごと破る。破ったら、お目当ての記事の見出しが見えるように4つに折りたたむとA4よりちょっと小さくなる。はい完成。これをストックしておくだけ。簡単でしょ？

新倉　やり方はわかりました。けど、このニュースの重要性がイマイチわからないです。「家賃が上がった」って、そりゃ物価高だから家賃も上がるだろうと思ってしまいます。

高井　でもね、実は家賃って今まで上がってこなかったんですよ。家賃が上がらないことは、日本の物価が上がらない大きな原因だったわけ。家賃って、支出に占める割合がすごく高いでしょう。消費者物価は、平均的な家庭が何にどれだけお金を使ったかを調べて、そのウェートにそって物価の平均を出しています。家賃のウェートは2割ある。ここが上がらないと、家賃以外の部分が多少上がっても、物価全体はなかなか上がらない。

新倉　確かに。

高井　その家賃が25年ぶりに上がった。逆に言うとね、家賃が下がり続けた25年間って、ちょうど日本経済がおかしかった期間に当たる。

新倉　「失われた20年」とか、聞いたことあります。

高井　「失われた30年」とも言われますね。その間、ずっと家賃が上がっていない。それがやっとプラスになったという話。それだけでも大事《だいじ》なのは分かるけど、この記事がナイスなのは国際比較をしてくれているところ。

布施川　欧米では家賃が5％上がっているらしい。

高井　欧米の家賃が勢いよく上がってるのは、賃貸契約が原則1年単位で、毎年家賃が上がるから。日本は普通、2年更新でしょ。

布施川　なるほどねえ。

高井　おまけにね、日本の家賃って、家主が簡単には勝手に上げられないの。法律的に。

新倉　ああ、借地借家法！　民法の授業で習ったことがあります。

高井　うん。日本の賃貸契約は借り手の権利がべらぼうに強い。一般論として、家を借りる方が家主より「弱者」だから、保護しましょうという発想だよね。家賃の引き上げを拒否しても、家賃を滞納していても、そう簡単には追い出せない。

布施川　だから家賃が上がらないのか。

高井　欧米は毎年更新で、家賃が上がって嫌なら出ていけ、という仕組み。僕がロンドンで家を借りた時も、契約書に「物価上昇分を考慮して家賃を上げる」と明記してありました。アメリカも欧州もこの何年かで消費者物価がバンバン上がっているから、家賃も連動して上がってしまう。

新倉　それはキツいなあ。家を追い出されるって、生活の基盤を失うってことですもんね。

高井　日本は借りる人には安心な仕組みなんです。今みたいにインフレになっていても、引っ越さなければ家賃はほぼ上がらないから、生活が急に苦しくはならない。築年数が経って物件が古くなると家賃を引き下げるケースも多いしね。そうじゃないからこそ、アメリカやイギリス、フランスでは、インフレに抗議してデモやストライキやって、大騒ぎしているんですよ。この2、3年で主要都市の家賃は1～2割上がっているはず。

布施川　そりゃあデモもしますよ。

新倉　そんなこと全然知らなかったです。法学部では、立場の弱い借主の権利は当然保護するべきだよねって勉強したんですけど、国によって事情は違うわけですね。

高井　ちょっと調べると分かるんだけど、都内のマンションの賃料、新規の契約分は着実に上がってます。数年前に借りた物件との差がものすごく広がっている。

布施川　なるほど。新しい住人には今の相場通りの家賃で貸せるわけですから。

高井　つまり、これから引っ越すと、家賃は高くなるかもってことだね。都心の不動産とか新築マンションの値段が上がっているって話はしょっちゅう出るんだけど、それがついに家賃に波及してきた、という重要ニュースなわけです。

「すぐ捨てる」が大事

高井　僕は毎朝、新聞をバーッとめくって、興味ある記事を破っちゃう。破ったやつは後から読む。読むかどうか迷うやつも、とりあえず破っちゃう。破らないで読む記事もあるけど、ほぼ見出しを見るだけだから、この作業は10分か15分で済む。で、破り取ったページ以外はもう捨てちゃっていい。

新倉　確かに、10日間ですでにけっこうな量の新聞紙の束が積み上がっているんですよね。

高井　それが紙の新聞の最大のデメリットなんだよね。だからこまめに捨てる。破った紙面は、たとえば仕事の合間にコーヒー飲もうかな、みたいな時に読む。読んで、もういいな、と思ったら、それもその日に捨てちゃう。取っておきたい記事だけ、ストックしておく。1週間か2週間分たまったら、棚卸《たなおろ》し的に読み返すというか見返す。時間が経つと、「なんでこれを取っておいたんだ?」みたいなのもあるから、それは捨てる。「これは」という記事はもう1回読む。

新倉　なるほど、復習のサイクルになってるのか。

高井　そう!　記事には頭に入れておいた方がいい数字やファクトがあるでしょ。たとえばさっきの家賃の記事なら、1998年以降はずっと下落が続いたと書いてある。つまり「2000年代は家賃が一度も上がっていなかった」といえるわけ。

新倉　スッキリした言い方になりました。

高井　僕は「高井宏章と横川楓の『お金のハナシ』」っていうラジオのレギュラー番組を持っていて、そこで経済や投資についてフリートークや解説をやってるんだけど、家賃の話をしている時にサラッとそういうことが言えると、おおお、ってなるでしょう。

布施川　なります。話に説得力がありますよね。

高井　誰かと飲みに行った時だって、「引っ越そうと思ってんだけど」みたいな話になってさ、「家賃大丈夫か、2000年代に入ってから一度も上がってなかった家賃が今上がってんだぞ」とか言える。

布施川　言ってみたい！

新倉　嫌味じゃない感じで、無理なく数字が出てくるのはすごいカッコいい。

高井　そういうネタを仕込んで、言うタイミングを待っている（笑）　家族には「ウンチクおじさん」って言われるんだけど。

新倉　口に出すことによって覚えるという手法は、教育業界ではわりと定番ですし、誰かに話すことで知識が定着しそうです。

高井　気を付けているのは「ウンチクを垂れるためだけにウンチクを垂れない」ことだね。絶妙なタイミングで繰り出せると、気持ちいいから絶対忘れないんだよね。邪《よこしま》なインセンティブ（笑）

新倉　身に覚えがあります（笑）

高井　破ったページの棚卸しに話を戻すと、1～2週間ためると、だいたい半分以上は捨てる羽目になる。重要な記事でも、時間を置いて2回読むとわりと頭に入るから、もう不要だなと思ったら捨てる。それでも残ったのは保存用の壁掛けフォルダに差しておく。この保存用は数か月か半年に一度、同じように棚卸しする。完全保存版にするのは、重要だけどググっても出てこないようなやつかな。たとえば安倍元首相が撃たれたみたいな紙面は、超重要だけど、ググったらすぐ出てくるから、わざわざ紙は保存しない。1年もやると、年間のお気に入り記事みたいなコレクションができる。

紙だから楽ができる

高井　短期の活用法を紹介します。僕はもう20年近くマーケットの状況を月1回、A4ペラ1枚にまとめるコラムを書いています。このコラムに使えそうな記事は絶対に破っておく。それが3枚もあれば執筆がメチャクチャ楽になる。

布施川　そうですね。僕もネットで連載を持っているんですけど、ネタがあると書きやすいです。

高井　ちゃんと新聞破るのを毎日サボらずにやるだけで、ゼロからだと2～3時間かかる作業が30分で済む。記事を探すのは日々の新聞チェックのついでにやるから、ものすごい時間の節約になるんです。

新倉　私も教育関連の日刊ニュースを書いているんですけど、題材として使えそうな記事は手元のメモに残しています。それを今後、物理的に破いちゃえってことですね。

高井　うん。教育だと日経には大学面とかあるよね。ネットのブックマークでも機能は同じじゃないか、と思うかもしれない。でも、経験上、紙を破いて置いておく方が圧倒的に楽で、見返しやすい。

新倉　そうですね。絶対ここにあるっていう安心感があります。私はマーケット商品面をストックしそうな気がする。

高井　面白いでしょ、あの面。中国が小麦の輸入を大量にキャンセルしたって話があったよね。

布施川　中国の景気が悪いからって話でしたよね、確か。

高井　そう。これはまさに我々が食べるパンの値段なんかにも影響するので、パン屋さん、これ以上値上げしないでね、とか思う。国際情勢が生活につながってて、愉快。

「もうひとつの1面」文化面

高井　「ナントカ面」の話が出たから、新聞の構成について、もう少し補足しておきましょうか。おさらいすると、1面と2、3面の「総合面」にその日の重要ニュースがジャンルを超えて集めてある。ここまでは必読。と言っても、見出しとリード（前文）まで読めばよし。それと、新聞は「左」がえらい、でした。

布施川　2面と3面だと、3面の方が大事なニュースが載っている。

高井　そう。通常の面は見開くと、左面が記事、右面が広告という場合が多いです。一応、記事の方がえらいというか、メーンのコンテンツですよってことだね。左が記事面の場合、左肩に長方形に区切られた「囲み記事」が入っているケースが多い。連載企画とかもここ。そして右肩に一番大きなアタマ記事が置いてある。最近はこれも「囲み」になってることがあるね。このアタマと囲みの間のスペースに普通の記事、「雑報」が流れている。3段以上の記事の見出しは一応読む。ベタ記事は無視していい。見開きの右ページも記事面の場合は囲み記事は右のページの右肩にあって、その隣にアタマ記事がある。これが基本構造。

新倉　たしかに……。

高井　アタマ記事はその日のイチオシ。見出しとリードくらいは読んだ方がいい。「囲み記事」も普通は数日前くらいから準備してある。これは各面に責任を持っている部のエライ人がOKを出さないと載らないので、クオリティがある程度担保されています（笑）　連載なら、ひとまず初回は読んでみてもいいのでは。

布施川　ページで言うと半分くらいで記事は終わっちゃってますよね。

高井　うん、マーケット関連の記事で一区切りですね。株価とか数表のところは全部パスでOK。ただね、広告だけはチラッと見てもいいかも。新聞広告って、昔より安くなったとはいえ結構なお値段を取るので、全面カラー広告を出しているような企業や業界は羽振りがいいんだなー、と分かる。デザインや企画として面白い広告もあるしね。

新倉　たしかに新聞広告、ネットでもたまに話題になりますね。

高井　ちなみに「日経ナントカ」って広告が増えているのは景気悪化のサインです。儲からないのに、自社グループでスペースを埋めてるのは、広告を出す企業が減っているから。まぁ、景気だけじゃなくて、広告媒体としての新聞の魅力が落ちているバロメーターでもある、なんて言うと日経の人に怒られそうだな（笑）　ところで、おふたり、ニュースに硬

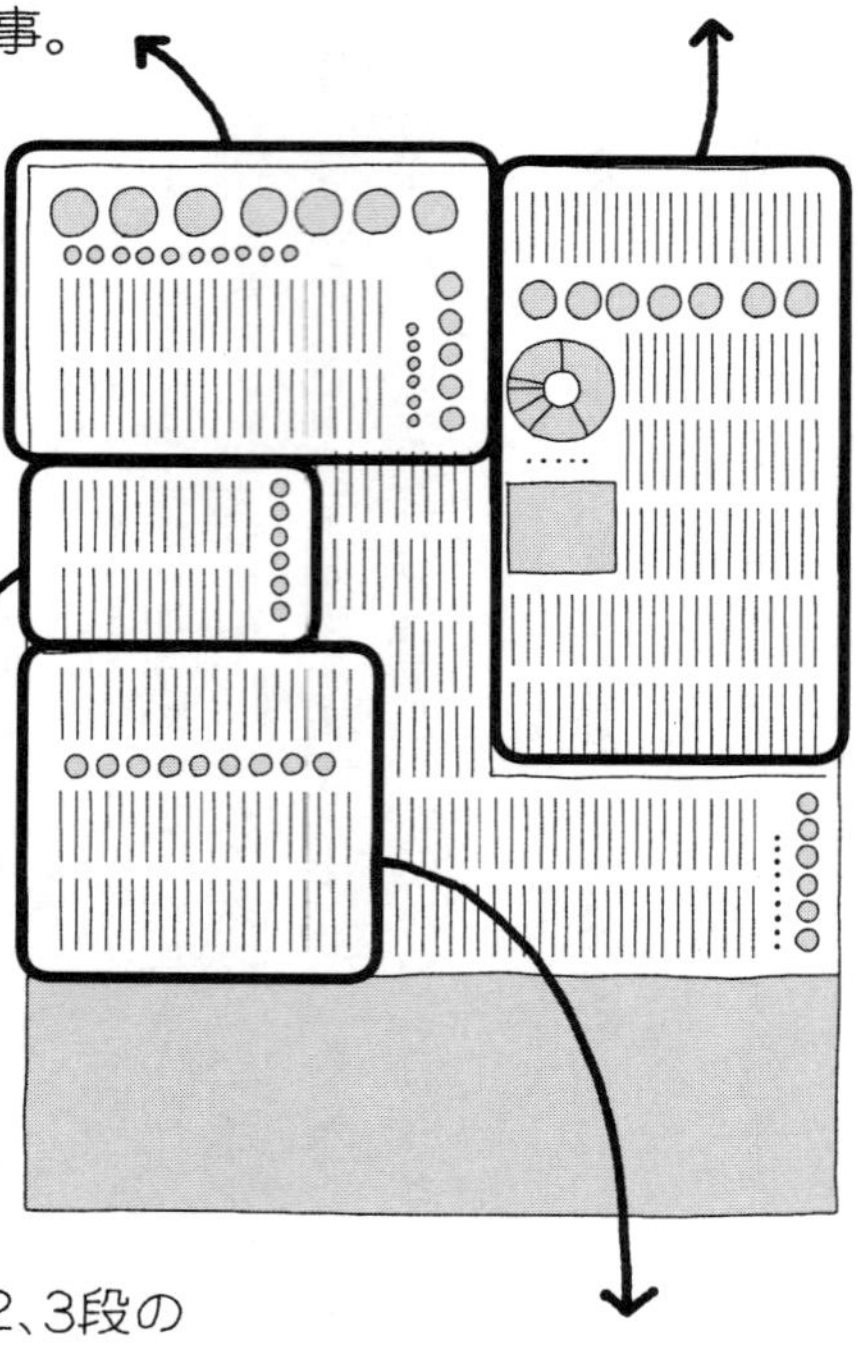
カット(タイトル)以外に
通し番号や「上・中・下」が
入っていれば連載。
なければ単発の企画記事。
右面のアタマも
わりと大事。
見出しが2、3段の
ニュースは「段モノ」。
小さい枠に入った「小囲み」は
ちょっと面白い記事が多い。

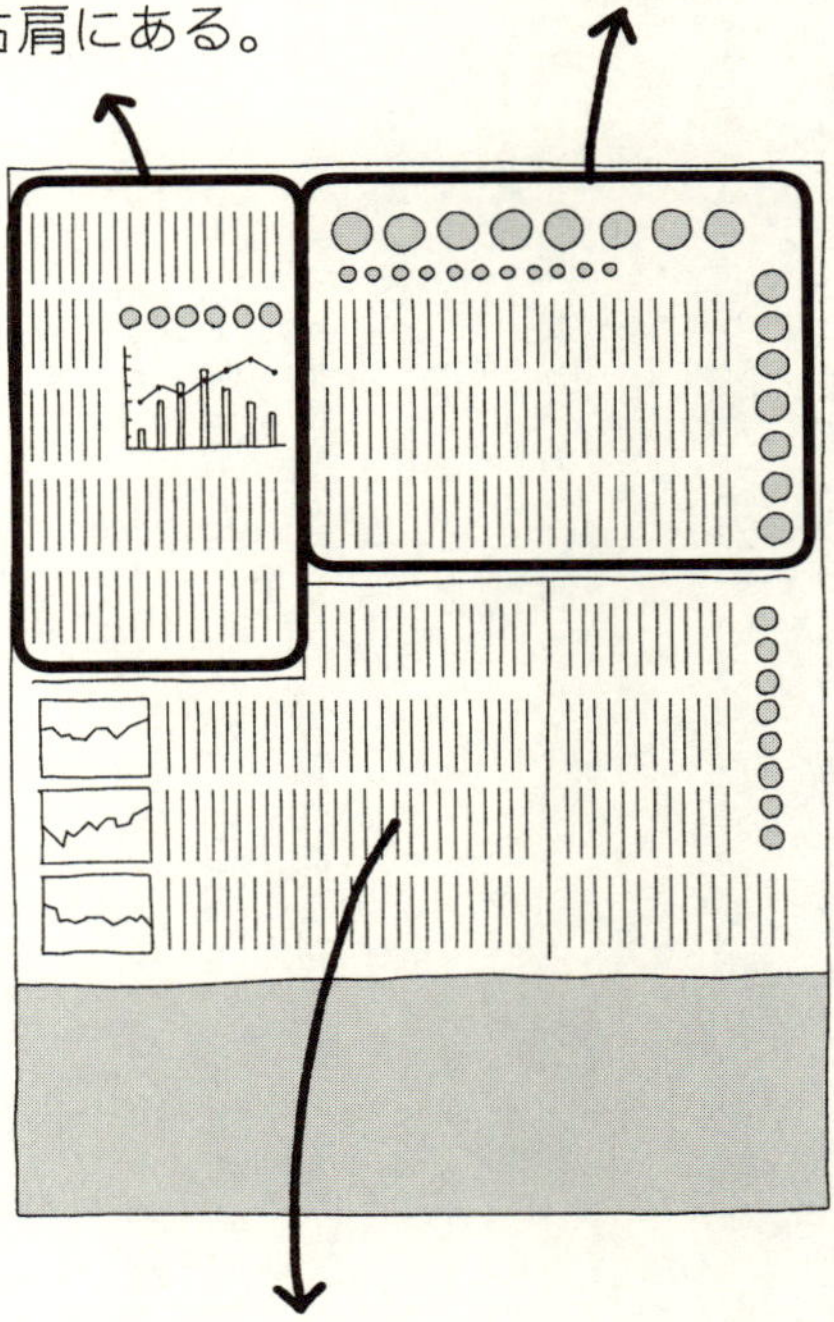
企画(囲み)記事は
左面は左肩、
右面は右肩にある。
見開きページでは
「左のアタマ」が
1番重要！
慣れるとベタ記事に
意外な発見があったりする。

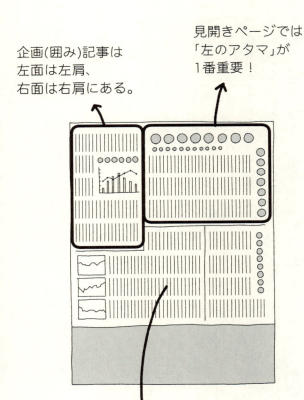

派と軟派があるの、知ってる？

布施川　ちょっと意味がわかりません。

高井　だよね。文字通り、おかたいニュースが「硬派」なんだけど、日経の場合は1面から半分までに載っている政治・経済のニュースが「硬派」です。後ろの方に載っているスポーツや社会面のいわゆる「三面記事」とか、最終面の文化面が「軟派」。全然、軟らかくないのも載ってるけどね（笑）

新倉　「軟派」のページも読んだ方がいいんですか。

高井　社会面の見出しは一通り読んだ方がいいかな。文化面は非常にユニークな記事が多くて、純粋に面白いから、とてもオススメです。写真を入れてアート作品を紹介する連載は、企画が秀逸で、短くても読み応えがある。あと日経名物「私の履歴書」。月替わりで、経済人や政治家、芸術家、科学者、芸能人、スポーツ選手など著名人が人生を振り返る連載記事です。たまに超絶につまらない人が出てくるけど、「当たり」の時はすばらしい読み物になってます。僕はたいてい読んでます。つまらなくなったら途中でやめればいいから。

布施川　スポーツ記事はわざわざ新聞で読む必要はないかなー。大谷がホームラン打ったとか、気になる日本代表の国際試合なんかはＳＮＳで流れてくるし。

高井　そこはお好みで。でもね、日経のサッカーと競馬の記事は定評がありますよ。特にサッカーは日本を代表するサッカージャーナリストが在籍しているので、取材力、文章力とも超一級品。日本代表の試合があった日のコラムとか、海外の有名選手の追想録なんて、すばらしいですよ。あと、地域面も読んでも読まなくてもいいけど、僕は、自分の住んでる地域の話題が出てると読んじゃうかな。では次の10日間は、気になった記事のページを破ってためて、みんなで持ち寄りましょう！

ミニコラム

紙の方がアタマに入る?

新聞を読まない理由が「紙だから」という人もいるでしょう。手放せないスマホ、学校でもタブレット、映画やYouTubeは大型モニター、街中や電車の広告も含め、私たちの情報伝達の主役はデジタルなスクリーンであり、紙媒体の出番はどんどん減っています。

しかし、実は情報を伝える力は紙の方がタブレットやディスプレイより優れているという説があります。紙の方が「知識の定着率」や「理解の度合い」が良くなる傾向があります。

たとえば、紙で読書をした場合と比べて、ディスプレイで読むとパフォーマンスが20～30%程度低下するというデータがあります。紙とディスプレイの差は「慣れ」の問題で両者に差はないという研究者もいますが、多くの研究で「ディスプレイを通した読書体験は速度・正確性などの点で紙に劣る」ことが明らかになっています。

ディスプレイだと見落としがちな誤字・脱字も、紙に印刷してチェックすると見つけやすくなる経験を持つ人は多いでしょう。だからこそ、新聞社や本作りの現場では、何度でも紙に印刷して原稿をチェックする慣習が続いています。紙のような反射光とディスプレイが発する光では、目に入った時に強く反応する脳の部位が違うという説もあります。娯楽のためならそこまで堅苦しく考える必要はありませんが、情報を摂取する機会と考えれば、紙から情報を得た方が効率よく「アタマに入る」かもしれません。

紙媒体と接する機会を増やすのは、デジタル・デトックスの面でもメリットがあります。現代では、電子スクリーンの洪水から逃れるのは大変です。MM総研によると、日本人は1週間に平均約20時間程度、スマホを使っているそうです。これはもう依存症のレベルでしょう。「スマホから離れられる仕組み」を生活の中に取り入れる点でも、紙の新聞を読むのを習慣化する意味はあります。

参考文献
Muter, P., Latrémouille, S. A., Treurniet, W. C., & Beam, P. (1982). Extended Reading of Continuous Text on Television Screens. Human Factors, 24(5), 501-508. https://doi.org/10.1177/001872088202400501
https://www.edge.toppan.com/news/2013/0723.html
https://www.ricoh.co.jp/magazines/direct-marketing/column/t00021/

第3章

破いて読んでみた

（～20日目）

引っかかったら、とにかく「破る」

高井　最初は「見出しだけ読む」を10日間やりました。今回は第2段階で「気になった記事をページごと破ってとっておく」ですね。ではこの10日間の成果を見せ合ってみましょうか。布施川さんからどうぞ。

布施川　何枚か厳選して持ってきました。まず「世界成長　中長期で鈍化」という見出しの記事。それっぽいことが書いてあるから後で読もう、と思って破きました。でも、なんで破いたのかは、後から振り返ると、自分でもわからないです（笑）

高井　それ、大事なこと。「後で読もう」と感じたら、とりあえず破く。重要かどうか、その時は気にしない。それは読むときに決めればいい。破っても、読まなくたっていいんです。

布施川　え。でも、読むために破るんですよね。

高井　そんな堅苦しく考える必要はないよ。たかが新聞だから（笑）

新倉　読まなくてもいいから、迷ったらとりあえず破るってことですかね。

高井　紙の新聞の利点は、情報のフィルターを意図的に粗くできることなんです。雑多なニュースが載っている新聞をめくる時点で、ネットやSNSならエコーチェンバー的にはじかれる情報に触れられる。その中からあるページを直感だけで「破る」。このフィルターも甘めにしておく。読む段階で自分のフィルターを効かせればいい。破らなかった部分はどうせすぐ捨てるんだから、ちょっとでも引っかかれば破ればいい。

布施川　なるほど。ほかに破ったのは「マンション賃料上がる」の記事ですね。前回、高井さんが「家賃が上がると物価も上がる」ってお話ししてましたよね。「おお、実際にマンションの家賃上がったんだー」と思って破きました。あと、うちの母校が京成線沿いだったので「京成、脱・鉄道偏重に難路」も破りました。京成って東京ディズニーランドの株を持っているんですね。初めて知りました。

高井　おお、ちゃんと読んでるねぇ。知らないことを知るの、楽しいよね。この記事に限らず、見出しと並んで、グラフや図は見た方がお得です。けっこう苦労して作ってる部分だし、マメ知識的にも面白いから。ビジュアルで情報を入れると忘れにくいし。

布施川　あと「空き家率最高」って記事を破っていて、「空き家増えてるんだ〜前から問題だったな〜」とあらためて思いました。さきほどのマンションの家賃も含めて、自分は家に関するニュースが気になるようになってきたみたいだな、と気づきました。

高井　なるほど。たぶん、毎日ちゃんと新聞をめくっていると、そうやって気になる話題、興味がある分野が広がっていくと思うよ。自分の関心領域の輪が広がるというか。では、新倉さんはどうですか。

新倉　私が破いた記事は、見返してみるとざっくり3つのジャンルがありました。ひとつは法律や法改正のニュース。

高井　おお。さすが東大法学部出身の麻雀プロ。

新倉　もうひとつが、今の仕事で扱う教育系です。「小学校で教科担任制が拡大する」といったニュースが取り上げられていて、経済系の新聞なのに、思ったより充実していました。最後が個人的な興味や生活に関係したニュース。「東京ドームが移転するかも」「野菜が値上がりしている」とか。振り返ってみると、自分の関心に傾向があると気づきました。あと、私もなんで破いたのかわからないやつがけっこうあります。

高井　「なんで破いたのかわからない」は正しいやり方。自分の中の何かに引っかかったからでしょ。繰り返しますが、とりあえず破って、読まないなら捨てればいい。僕も「破っておいて後から時間があれば」という記事の半分くらいは読まないかな。今日はこのミーティングに毎回同席している本書の担当編集者の栗田さんにもちょっと話を振っちゃいます。ずいぶんたくさん記事を破ってきましたね。

栗田　ほとんど車の記事です。ＥＶ絡みとかライドシェアとかですね。

高井　Ｘにずいぶん実感のこもったポストしてたよね、「新聞読み始めてから人生うまく行くようになりました！」みたいな（笑）

栗田　そうなんです（笑）

布施川　うさんくさいアクセサリーの広告みたい。

新倉　宝くじ当たって、モテモテに、みたいな。

高井　札束がいっぱいの風呂に入ってるやつね。

SEIKAISHA
SHINSHO

星海社新書

栗田　でも、実際、うまくハマったんですよ（笑）　私は最近『クルマの未来で日本はどう戦うのか?』という電気自動車の新書を担当したのですが、実は車について何もわかっていませんでした。もともと「無知な私に教えてください！」って著者さんにお願いして始めた企画でしたが、新聞を読んで、テーマが自分の中に根付いた感覚があります。「テスラのEVは～」とか「中国のモーターショーが～」とか、そういう情報を持ってるかどうかで、かなり違うな、と。

高井　実際、社会人で紙の新聞読んでいない人は、たぶん読み始めたら速攻で役に立っちゃうと思いますね。自分なりのアンテナを張っているのが前提だけど、ある分野についてそれなりの知識を持った人が「これは大事」とニュースを集めてきてくれるんだから、こんな楽な話はない。

栗田　あと文化面も何枚か切りました。

高井　ほんと、日経は文化面が良いんだよねえ。もうひとつの「1面」。ウチの奥様は後ろから読みます。文化系だと、僕は本が好きなので、週末の書評は必ず目を通す。参考にして本を買うことも多い。日経だけじゃなく、年末には各紙の書評担当者が「今年のベスト」をまとめて推薦するのが慣習になってますね。

新倉　それは参考になりそう。

高井　年末のその日だけでも各紙を買う価値があると断言できます。書評は、大きな書店にはバーンと掲示してたりしますよね、各紙。本って年間7〜8万冊出てるんです。選びきれないでしょ。そんな海の中からプロの「本読み」が今年はコレって数冊を厳選してくれる。参考にして何冊か買うんだけど、打率高いです。個人的な思い出では、お堅い分野の某書評委員が『リテイク・シックスティーン』という青春小説を推していて、「なぜこの人が」と面白くて。読んでみたら強烈にハマった経験があります。単行本と文庫本で数回読んだ（笑）　娘たちにも大評判でロンドンに赴任する時も持っていきました。

栗田　あと能の話とか、載ってますよね。

布施川　そうそう。新聞読んでると、「あるところには情報がある」と実感しますよね。能なんて、上流階級だけのたしなみなのかと。

高井　日経はわりと能とか文楽とか古典芸能を推してますね。いやー、それにしても、みんな読んでるねぇ！

布施川　そりゃ読んでますよ（笑）

新倉　今回の企画の連絡用グループＬＩＮＥで「みんな、記事破ってないかもしれないけど～」って高井さんの書き込み見たとき、「あ～、ナメられてるな」って思いました（笑）

高井　いや、この企画、オジサンが若者に新聞を押し付ける、みたいな感じになっちゃうんじゃないかと心配してて（笑）　嫌々読まされてたら気の毒だな、と思ってたんだけど、ちゃんと楽しんでくれてて、もう僕は日経を辞めて新聞作ってないのに、嬉しいです。

コミュニケーションの土台になる

新倉　読むの自体も楽しいですけど、新聞のおかげで、仕事でえらい人と会って話すときにうまく相槌が打てるようになったというメリットも感じています。

高井　会話って、相手の反応によって話し手のテンションが変わるでしょ。「アレですよね」「そうそう！」みたいな。マンガや映画やドラマだってそうだけど、同じコンテンツを共有していれば盛り上がる。コミュニケーションの手段として、共通のベースを持てる可能性が広がるのが、新聞の強みですね。

布施川　年上の人と共通の話題が持てるのは大きいかも。

高井　それって、ずばり就活の時とか、ピンポイントで重要だよね。

新倉　自分より年齢や経験が上だな、というビジネスパーソンと話すときに、少しずつ対応できるようになっている実感があります。

高井　オジサンは、若者に「それ見ました！」って言われるの、うれしいからねぇ（笑）

布施川「きのうの日経に載ってました！」とか言えると、こちらも気持ちがいいですし。

高井　一定年齢層以上は「新聞くらいは目を通している」という前提で会話するからね。そこまでじゃなくても、幅広い分野に浅くてもいいから広く関心をもって、知識を蓄えておけば、コミュニケーションの幅が広がる。共通のベースがないと話が進まないからね。ベースがまったくなくても許されるのは、自分自身が話題になるような大物だけじゃないかな。

新倉　それで、高井さんはどんな記事を破ったんですか。

高井　まずは、おそらく皆さんも注目した「うなぎ稚魚3割減」の記事ですねぇ。

布施川　ああ、それ！

新倉　やっぱり、うなぎはみんな見逃さなかった（笑）

高井　こんなの、絶対、飲み会で披露したらウケるからね（笑）　あとは写真家集団の「マグナム」についての記事。ロバート・キャパという伝説のカメラマンで有名な組織で、75周年の写真集が出たよ、という話題。写真集を買いたいなと思ったし、マグナムの在り方が変わってきている、現在の代表者が女性だ、といろいろ勉強になった。それと「国境なき医師団」についての記事をいくつか。これは『紛争地の看護師』を書いた白川優子さんが友人だし、少額ながら寄付もしている団体なので関連記事は読みます。

あとはお仕事用に欠かせない金融系のニュースと、純粋なお勉強用に科学の記事も破り取りました。

新倉　科学技術の記事って、専門の記者が書くんですか。

高井　採用段階で別枠だね。理系の修士クラスの人たちが書いている。中身がしっかりしているだけじゃなく、「難しいことをいかに易《やさ》しく伝えるか」という文章術としても参考になると思うよ。

布施川　確かに、それは大変そう。

高井　今どきは完全にアウトな表現だけど、僕が入社した1990年代だと「お前の母親が読んでも分かるように書け」と言われたものでした。専門知識のない読者にも伝わるように書け、という意味。最新の科学技術なんて、そのハードルがメチャクチャ高いわけですよ。だから「厳密にはちょっと違うけど、要はこういうことです!」という書き方や、

たとえ話でなんとか伝えるという工夫に満ちている。自分が詳しい分野なら、その苦労を楽しめる（笑）

新倉　高井さん、すごいたくさん破ってますよね。逆に破り取らない基準みたいなのって、ありますか。

高井　初見で記憶に定着したようなもの。たとえば、ちょっと前の記事だと、くす玉。

布施川　くす玉？

高井　２月に日経平均株価が１９８９年末の高値を超えて、史上最高値を更新した。大きな節目でめでたい話だったわけだけど、その日のドキュメント記事に、ある国内証券会社では「くす玉が割られました」とあって。

新倉　くす玉割りたがっちゃうの、日本人っぽいですよね。

高井　でしょ。メチャクチャJTC（ちょっと昭和な伝統的日本企業、Japanese Traditional Company）っぽくて、いいなー、と思うじゃん。でも、なんと、あのゴールドマン・サックスでも、別の日だけど、くす玉割ってたんですよ！

一同　（爆笑）

高井　それは日経平均最高値から1か月後、3月に日銀が異次元緩和をやめた時のエピソードなんだけど、記事で読んで、メチャクチャ面白えなと思って。

布施川　ゴールドマンのくす玉、見てみたいですね。

高井　六本木ヒルズでくす玉、面白いでしょ。

新倉　それは確かに誰かに話したくなりますね。

高井　こういうしょうもない話は、紙面を取っておいてもいいんだけど、もう記憶に定着したから、別にいいかなと。新聞を破り取るのは、記事のスクラップみたいに保存が目的じゃなくて、短期記憶のメモリーの補完みたいな感覚です。破って読んだものも、忘れちゃってもいいんです。一度、脳みそを通すのが大事。

布施川　忘れちゃってもいいって気が楽だな。

高井　僕は亡くなったコラムニストの山本夏彦さんの大ファンなんだけど、彼は読書について「読んだことを忘れたくないと思うのはケチだ」と言ってますね。自力ですぐ思い出せない情報でも、何かのきっかけで「あ！」と甦ることはあるし、なんとなく、そんな話があったよなー、でわりと十分じゃないかな。

新倉　記事のページが破ってあれば、「あったよなー」のとき便利そう。

「前文」だけ読めばいい

高井　では、もうひとつ、読み方をブラッシュアップしましょう。「興味はないけど、大事そう」って記事、けっこうありません？

布施川　メチャクチャありますね。

高井　そういう記事の前文（リード）だけ読んでみてほしい。

新倉　記事の最初の部分ですよね。

高井　そう、最初の段落。新聞記事は大きく分けると、「アタマ」「ワキ」「囲み・企画」「小囲み」「段もの」「ベタ」があります。リードがついているのは長い記事、具体的にはアタマとせいぜいワキまで。囲み記事にはついていないこともあるし、連載の最初にだけリードがある場合もある。

新倉　長い記事の最初の段落だけ読む、ってことですね。

高井　短い記事は見出しを見て、読むか読まないか判断しちゃえばいい。興味がないなら、スルーでOK。でも、大きな記事は「イマイチわかんないけど、大事かも」と思ったら、前文だけ読んでみる。なぜなら、新聞記事全体の中で、前文だけは性質が違うからです。

布施川　たしか記事は「逆三角形」になっていて、大事なことから書いてあるので途中で読むのをやめてもいい、って話でしたよね。

高井　その通り。それはすべての記事に共通するんだけど、長い記事の前文は一言でいえば「まとめ」になっているんです。その記事のキーワードは極力全部入れて、記事全体の要約になっている。11~12行程度、長くても15行くらいでまとめてある。1面はもうちょっと長いことがあるけど、本来はそれくらいの長さにするのが鉄則。

布施川　それって、何文字ぐらいですか？

高井　日経新聞は1行11文字だから150文字くらい。だいたいツイート（Xのポスト）1本分だね。

新倉　結構難しいですよね。入試の要約問題で150字だと、短いなって感じます。

高井　書く方はほんと大変だよ（笑）　だって、たとえば「セブン&アイ・ホールディングス」とか長いでしょ。記事の初出では正式名称、が新聞のルールだから。

新倉　それだけで1行半くらい使っちゃいますよね。

高井　見出しと前文は、ちゃんとした記事なら、磨きに磨いてある。そこまでで記事の概要や重要性がわかる。

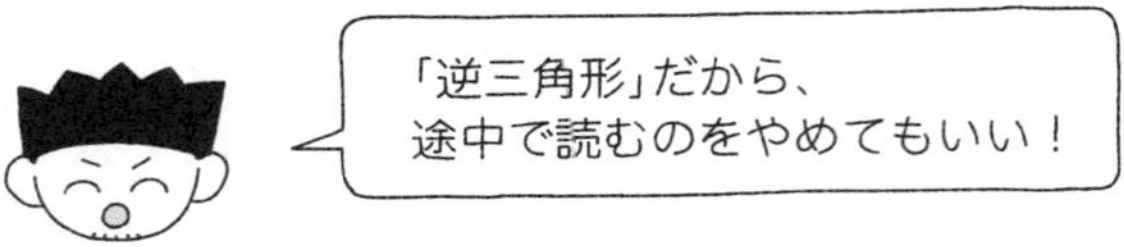
「逆三角形」だから、
途中で読むのをやめてもいい！

新倉商・布施コーポ 合併へ

一輪車 国内首位に

新倉商事と布施川コーポレーションが経営統合に向けて最終協議に入ったことが8日、分かった。一輪車業界2位①統合が実現すれば、首位の高井産業を抜く国内トップメーカーが誕生する高齢化で国内需要が低迷するなか、経営規模の拡大をテコにアジアなど海外市場の攻略を加速して生き残りを目指す。

少子化に対応 海外戦略強化

事情に詳しい関係者が明らかにした。両社の合併を軸に協議は進んでいるが、持ち株会社方式による統合も選択肢となっており、詰めの作業に入っている。いずれの方式でも株式の上場は維持する方針。早ければ月内にも経営体制など詳細を発表する見通しだ。

両社は東京経済新聞の取材に対して「様々な選択肢を検討しているが、現時点で公表するべき事実はない」と答えた。

２０２３年の一輪車の国内シェアは新倉商事が27%、布施川コーポが25%。45%を押さえる高井産業には水をあけられている。販売網・ブランド力に強みをもつ新倉商事と技術力に定評のある布施川コーポが手を組むことで、総合力で優る高井産業に対抗する。

②

今回の経営統合の大きな狙いは出遅れ気味の海外戦略の強化にある。

国内の一輪車市場は少子高齢化で縮小が続く。カルペ・ディエム総研のべでは国内販売額は年００億円規模と、この10年で3割強減った。一方、人口増が続くインドや東南アジアでは一輪車の人気が高まっており、欧米勢や中国メーカーの躍進は目覚ましい。高井産業も海外シフトを進めている。新倉商事と布施川コーポは国内依存度が高く、海外強化は共通の課題だ。

創業以来の無借金経営を貫く新倉商事は財務余力が大きい。一方、布施川コーポは一輪車では世界初となる車載カメラ搭載モデルの開発など独自技術が豊富だ。経営統合を機に研究開発投資を加速し、海外市場で通用する戦略商品の開発を目指す。

もっとも、業界再編で2強に集約されても、「日の丸一輪車」が生き残れるかはなお不透明だ。一輪車はイノベーションの停滞で製品が生まれに③ており、規模の経済によるコストダウンが競争力のカギを握る。人口減少の逆風のなか、いずれは国境を超えた合従連衡の波が日本にも及ぶとの見方は強い。

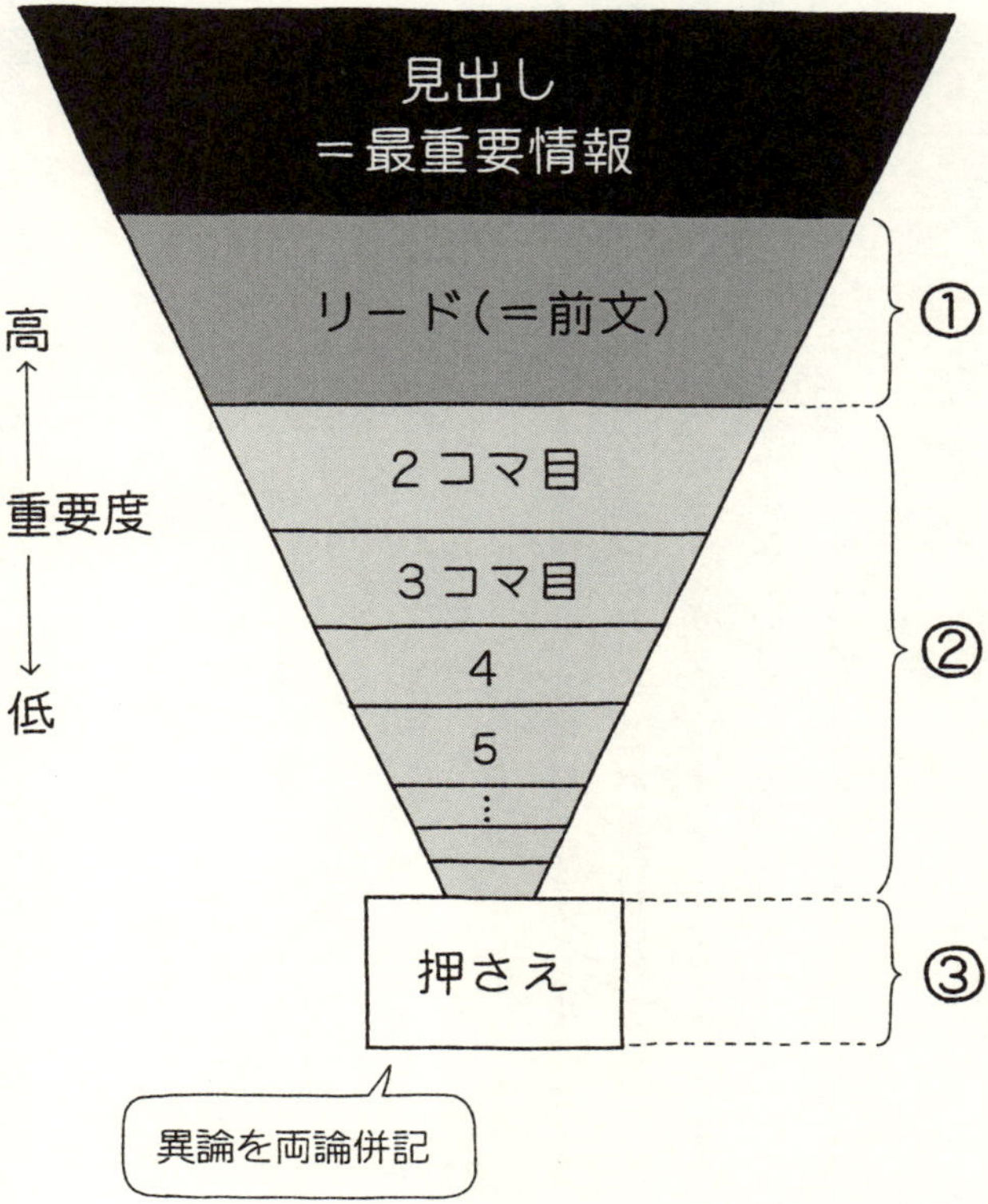
見出し
＝最重要情報
リード（＝前文）
2コマ目
3コマ目
4
5
…
押さえ
高
重要度
低
①
②
③
異論を両論併記

布施川　とりあえず、そこまでは読んでみる、と。

高井　ひとつの面に、前文のある記事は1~2本かな。その日の新聞全体で、僕が前文まで読む記事は数本です。おふたりには、もうちょっと多め、10本くらいは読んでみてほしい。ツイート10本なら、そんなに苦でもないでしょ。

新倉　高井さんの読む本数が少ないのは、どうしてですか？

高井　読まなくても何が書いてあるか分かるから。新聞は連続テレビ小説と何度も言っているけど、長く読んでいると、見出しを見るだけで「これは昨日の続きだ」とか「これは単なるまとめだ」みたいに、中身まで読むべきかがパッと分かるようになります。代表的な例は選挙報道。2024年が選挙イヤーだということもあるけど、本当、毎日いろんな国の選挙のニュースが載ってます。選挙は「ほとんどの人が読まなくていい記事」がとても多い。

布施川　なぜですか。選挙、大事そうなのに。

高井　自分の関心がある国なら選挙戦を追いかけるのは意味があるし、読む気も起きるだろうけど、大半は「結果が出たら教えてね」でしょ。大統領選挙や主要な議会選は、たいてい1か月前くらいに選挙の構図や争点、候補者や政党のポイントをまとめた記事が出る。これは読む価値があります。ある国の社会や経済の総括になっているから。でも、キャンペーン期間中の舌戦や識者の予想は、「終わった後」にはほぼ意味がなくなる情報だよね。

新倉　確かに。日本の選挙ですら、そんな意識かも。

高井　選挙はエンターテイメント性もあるから、読むのは楽しいですよ。アメリカの大統領選なんて、まさにそうですよね。途中のドタバタ劇も追いかけていると話のネタにもなる。僕はロンドンに住んでたことがあるから、イギリスの選挙もそんな視点で見てます。そういうのは例外として、基本は「投票まで1週間」「あす投票」「投票始まる」みたいな見出しの記事は全スルーでOK。その代わり、結果を伝える日の紙面は読む。「本記」と呼ばれるストレートな結果が書いてある一番大きな記事以外にも、記者や有識者が結果や今後の影響をどう読むか、コラムやコメントがついていたら、そちらも読む。あと、オススメは「ヒトモノ」です。

布施川　ひともの？

高井　新大統領、新首相なんかの写真が大きめに入っていて、人柄を描いた四角いコラムね。大きな企業の社長や財務省のトップが交代したときにも出ます。そんなに長くない記事なんだけど、これはものすごいエネルギーと蓄積が投入されているケースがけっこうある。ヒトモノがうまい記者は社内で一目置かれるので、みんな本気で書く（笑）

新倉　どうしてヒトモノがそんなに重視されるんですか。

高井　良いヒトモノには、その人を象徴するようなエピソードが入っているんですね。キャリアや性格をコンパクトにまとめながら、「こんな人ですよ」というイメージがしっかり伝わるように書く。これ、600字でやれ、って言われたら、けっこうキツいでしょ。

布施川　前文も書くの大変そうだったけど、もっと大変そう（笑）

高井　書くことなくて困っちゃう人もいるけど、取材や下調べがしっかりできているほど、材料が余る。それを詰め込んだ濃度が高い記事がヒトモノ。読者にとっては情報摂取の効率が高い。人柄や性格がにじみ出るエピソードって、記憶に残りやすいしね。

新聞作りにかかる膨大なエネルギー

高井　日本時間の昨晩に日米首脳会談があったから、本日4月11日の1面アタマは両首脳の共同声明から見出しを取ってますね。たとえば、この1面アタマから中面の解説まで、見出しをどうするか、会談の何日も前からベテラン記者が何人も集まって議論しているはずです。

新倉　「共同声明が出た」という事実だけではニュースにならないですか。

高井　「声明が出ない」がニュースになることはあるかな。会談や国際会議がうまくいかなかった象徴的な意味で。でも通常は、「出ました」じゃなくて中身が大事なわけで、しかも声明は幅広い分野に言及するケースが多いから、どこにスポットを当てるか、価値判断が必要になる。それを見出しでパーンとやってくれるわけです。

新倉　統合抑止って初めて聞いた言葉ですけど、「きょうのことば」になっていました。

高井　3面に置いてある「きょうのことば」はオススメのひとつ。けっこう書くの大変なのよ、これ。記者が苦労している記事はバリューが高い（笑）見出しに話を戻すと、平均年収1000万超えのプロたちが、昼前くらいから延々と議論して、夕方までには「これでいくぞ」と決めて、新聞を作るわけです。でも、そこで終わらない。朝刊の1面の肩に「13版」って書いてあるでしょ。

新倉　あれ、私の新聞は12版になっている。これはなんですか?

高井　おお。版が違うのか。ご自宅、都心からちょっと距離があるのかな。日経新聞だと、朝刊の紙面は1日に2回から4回作っています。何回かは紙面によるし、日によって違う。夕方に締め切りが来て夜9時頃に出来上がるのが11版。11版の部数は少なくて、印刷所から距離のある地方に届くバージョン。

布施川　運ぶのに時間がかかるから、早く刷るのか!

高井　11版ができた時点で朝刊の責任者とそれぞれの面を作ったデスクが協議して、見出しや原稿をブラッシュアップする。「この記事、ダメ」と言われて全面書き直しになるとデスクと記者は悲惨です。今はだいたい12版か13版で完成させることにしているはず。働き方改革だね。

新倉　昔はそうではなかった?

高井　基本、13版まではやって14版も普通にあったね。そうすると午前0時とか1時半まで仕事は終わらない。12版で終われば新聞記者なのに電車で帰れちゃうんだな、これが。

布施川　まるで以前は電車で帰れなかったかのような。

高井　うん。新聞記者になって10年以上、電車で帰ったことはなかったと思うよ。さきほどの朝刊1面が13版になっていたよね。首脳会談をワシントンでやっていたから、12版で止《と》めずに、日本時間の夜中の最新情報に更新したんだろうね。

新倉　私のところは、ちょっと情報が古い新聞が届くわけか。もし、いつもは13版なのに14版になっていたら、夜中に重要なニュースが加えられたんだな、とわかるわけですね。

高井　そうそう。今、最新ニュースは電子版で見てくださいという感じだから、よほど大ニュースじゃないと14版はやらないいんじゃないかな。たとえば日本国内だと大きな地震とか、海外だとテロや戦争なんかの突発的な大ニュースとか。時差があるから、海外発のビッグニュースは担当デスクの出番に入っていると怖いです。出番の日は「きょうは何事も起こりませんように」といつも以上に世界の平穏を願ってる（笑）

布施川　その祈りが通じなかった時って、ありました？

高井　僕がデスクやってて一番テンパったのは、1面から総合面、国際面までアタマを全部入れ替える大ネタが夜中に飛び込んできた時かな。欧米のメディアの反応が異常で「ホワイトハウスから極めて重要な外交上の発表がある」みたいなことをずっと喋っているわけ。しかもオバマ大統領（当時）の記者会見が朝刊に間に合うかも分からないっていう状況で。

新倉　メッチャ笑顔で話してますけど、すごい修羅場だったのでは……。

高井　ははは。何だったかというと、アメリカとキューバの国交回復（2015年）でね。

布施川　ありましたね。大ニュースだ。

高井　朝刊の最後の締め切り40分くらい前になってようやく「どうやらキューバ関連らしい」って情報が流れて。その瞬間、編集フロア中が「おい！　国交回復だ！」となり。

新倉　うおおおお。

高井　ワシントンと東京の記者が総出で原稿書いて。

布施川　締め切りギリギリで、間に合わないと載せられない。

高井　もうギリギリの時間に届いた原稿を開いたのね。中南米のことを「アメリカの裏庭（バックヤード）」と言うでしょ。「裏庭外交」とかね。でもその原稿、「裏庭」のはずの部分が全部「箱庭」になってて（笑）

新倉　ええ!?　ベテラン記者さんでもそんなことが！

高井　僕も焦ってるから「なんか変だな」とは思いつつ原稿を整えてたら見出しのプロトタイプが出てきて、見た瞬間、「は、箱庭ーっ！」って叫んで。

一同　（爆笑）

高井　もう笑いが止まらなくなっちゃって。ワシントンに電話したら向こうも大爆笑。その時はまだ「絶対ここまでに」という最後の締め切りまで15分くらいあったけど、残り2分とかで原稿が来てたら「箱庭」で新聞を刷っちゃった可能性もあるわけですよ。

布施川　恐ろしい……。

高井　記者時代には、夕刊の締め切り15分前になって1面アタマ、80行を書かなきゃってことがあった。長期金利が何年かぶりに2％に乗ったのね。

新倉　1行11文字だから、880文字。

高井　イエス。その場に記者が数人いたんだけど、ほんの一瞬だけど、「おい、誰が書く?」みたいな微妙な空気になってね(笑) さすがにキツいから。譲り合ってる時間もないから、識者のコメントだけ誰かにとってもらって、一気に書いて、なんとかした。

布施川　それ、もし原稿落としたらどうなったんですか。

高井　落とせない。落としたら、ではなく、落とせないんですよ。まあ、最悪の場合、印刷工場の輪転機を止めておいて、という手はあるけど、締め切りは配達時間から逆算して決まっているから、よほどじゃない限りは禁じ手です。

布施川　すごいなー、そう聞くと紙の新聞ってすごい。

新倉　ネットの方が速いし、新聞は速報性がないって思ってましたけど、前日のニュースが印刷物として翌朝届くのって、もしかしたらすごく「速い」のかも。

高井　そうは言ってもね、昔から言われるように、新聞の価値はインクが乾くまでしかないんですよ。保存版の記事もたまにあるけど、次の日には、もう、ほぼ無価値。それでいい。だからこそ、逆説的だけど、その日、その日に読む価値が高い。特に情報摂取の効率を考えると、考え抜かれた紙面の見出しをざっと見る価値はとても高い。

新倉　面白いです。見方がわかると、見出しを読むのが楽しみになりました。なんだか1部200円が安く感じてきますね。情報の上澄みを綺麗な印刷で毎日届けてもらって月5000円とか6000円くらいって。

布施川　そうですよ、年収1000万クラスの大人が何十人も集まって朝から晩まで頭を悩ませた結晶が、家でゴロゴロしているだけで毎日運ばれてくる。もはや貴族ですよね（笑）

新倉　私、昔から新聞のコラムの文章がメチャクチャ好きなんですよ。少し方向の違う話から入って、途中から本題に移る構成が面白くて。「何の前振りかな」って想像しながら読みはじめて、本題に入ったところで答え合わせになる。その接続がスムーズなコラムは上手いなと思うし、無理やりこじつけてるなあと思うこともある。

高井　日経の「春秋」は何人かのリレーなんだけど、名手がいますね。

新倉　引き出しの数もすごいですよね。本題につながるドンピシャな前振りを出してくる。私もこういう文章を書けるようになりたいです。あと、ネットニュースだと炎上した人の記事にちょっとカッコ悪い写真を使うことがありますよね。ニュートラルな写真を使う新聞の方が、変な先入観なしで読めるかも。

高井　日本の新聞は伝統的にビジュアルが弱いんだけど、最近はグラフや図にも力が入ってる。図表で見せるって結構重要なスキルだから、仕事や勉強の参考になるのでは。たとえばマーケット商品のリンゴとオレンジの記事とかね。温暖化で果物にとって適温の地域が北上してしまい、そのうち弘前でリンゴを作れない時代が来る、みたいな。

新倉　それ、図表が可愛いなと思って、よく覚えています。

高井　読んでる人同士だと、ちゃんと話が盛り上がるな。

布施川　確かに。

高井　話を元に戻して、次の課題のおさらい。「興味はないけど大事そうな大きな記事」の冒頭の前文（リード）だけ読んでみる、だったね。では、また10日後にお会いしましょう！

ミニコラム

「信頼できる」けど「読まれない」

どうせ情報を得るなら、信頼できるメディアを選びたい――誰でもそう思うのではないでしょうか。ところが、総務省の調査からは違った実態が見えてきます。

様々なメディアの中で「政治・経済問題」について最も信頼度が高いのは新聞です。「非常に信頼できる」と「ある程度信頼できる」の合計は79・4%。テレビ（78・8%）とほぼ同水準です。

一方、ネット上の情報では「インターネットニュースサイト」の信頼度が59・5%と高めですが、「ソーシャルメディア」は27・6%、「動画配信・動画共有サイト」は21・8%にとどまります。ネット情報全体の信頼度は10代から50代までほぼ3割程度と世代間の差はあまりありません。

ところが、平日のメディア別利用時間では、ネットが1日平均194・2分なのに対して、新聞はわずか5・2分。ご想像の通り、ネットの利用は年々長く、新聞は年々短くなっています。

情報源としての重要度で見ても、新聞の44・3％に対してインターネットは81・5％と圧倒的な存在感を持っています。ネット情報の重要度は世代間の差がはっきりしていて、10代から40代までは9割に達します。ちなみにテレビの重要度も全世代で79・7％とかなり高いのですが、重要度は若い世代ほど低く、高齢層ほど高くなる傾向があります。

浮かび上がってくるのは、「ネットより信頼できそうだけど、わざわざ新聞を読む気にはならない」という姿です。月数千円の購読料がかかる新聞より、原則無料のネットの方がコストは安い。そして何といっても、肌身離さず持ち歩くスマホと「大きな紙」という媒体の差も大きいのでしょう。

令和5年度情報通信メディアの利用時間と情報行動に関する調査報告書（総務省）
https://www.soumu.go.jp/main_content/000952988.pdf
p6〜15、p95〜99参照

第4章

紙の新聞を読むということ

（〜30日目）

1か月読んでみて

高井　では1か月読んでみてどうだったか。布施川さんから聞きましょうか。

布施川　これまで主にXを情報収集ツールとして使っていたんですけど、それだけだとキャッチできないことが山ほどあるのを知りました。新聞に載っていることすら知らずに政治や経済の勉強はできないかも、という気分です。最初は「この企画が終わったら読むのやめようかな」と考えていましたが、購読を継続します。

高井　おおお。人生で初めて新聞を読んだ人が（笑）　布施川さんの今の話、普段ネットなら「わからないからいいや」ってスルーする話が紙面では大きな見出しになっているから「これ大事なのか」って気づくってことで。自分の知識の狭さに気づくんだよね。

布施川　街を歩いてるとサイゼリヤとかABC－MARTとか、いろいろな看板が目に入りますよね。これまではみんな同じ「会社」としか認識できなかった。それが、新聞を読んだら、純利益で何倍も差があることがわかった。そんなに違うのに同じ「会社」だと思っていたら印象でしか測れなくなってしまう。就活する人は絶対に新聞を読むべきです。

高井　新聞は勝手に情報のアンテナを張ってくれています。記者は常にネタに困っているので、大事なことは必ず載せる。大事なことが載ってないと、社内で「君、仕事してないね」ってなってしまう。年収でいえば1000万とかもらってる記者が、何百人も、みんなプレッシャーにさらされて必死に情報を集めている。そのまとめを、月5000円とか6000円で毎日読める。現場の記者は大変だけど、便乗する側はすごいお得だよね（笑）新倉さんはどうでしたか。

新倉　私も世間をあまり知らないと自覚しました。Xにはキャッチーなニュースばかり流れてきますけど、それは世の中全体で大事な話とも限らない。そこだけ見ていると浮島みたいな話題に一喜一憂することになりかねない。どちらかというと、私はそういう豆知識やウンチクを仕入れて知ったかぶりするタイプだった気がします。新聞を読むと、世の中の大きな流れが見えてくる。毎日続けることの価値だと感じます。

高井　連続テレビ小説なので、毎日読んでいるとわかるんですよね。ポンッと孤立したニュースを取りあげられても重要度はなかなかわからないんです。毎日情報を更新していれば、「これ、大事かもしれない」と気づける。新聞は情報をキュレーションしてくれているので、視野が広がりますよね。

新倉　そうですね。

高井　担当編集者の栗田さんにも伺いましょうか。どうでしたか。

栗田　とても良い経験になりました。前回お話ししたように、全然知らなかった自動車業界の動きが新聞を通じてちょっとつかめるようになったのは、いろんな分野に応用できそうです。

高井　その、「詳しくは分からないけど、なんとなく知っている」の範囲が広いことって、大事ですよね。僕は株式とか債券なんかには詳しいし、たいていのことは質問されたら答えられます。でも、それ以外の経済分野、たとえばＩＴの最先端とか消費関連の話題は専門じゃないから、自分で発信するのは難しい。新聞で読んでいる以上の知識は基本、ないです。でも、それでいいんです。基礎の基礎や最近の話題がぼんやり分かっていれば、会話のきっかけにはなるし、質問はできる。就活の時なんか、差が出るんじゃないかな。

新倉　幅広くビジネスの話題に常識みたいなものを持って対応したいなら、日経は優れていると感じました。私は麻雀プロなので、麻雀業界のマガジンには習慣的に目を通していますが、それだと業界の常識しか入ってこない。世界のトレンドに関心を寄せる努力は大切ですね。

高井　みなさんにお付き合いする形で、僕もこの30日間は初心に帰ってまじめに日経新聞を読みました（笑）　やっぱり毎日ちゃんと読んだ方が新聞は読みやすいな、と再確認しました。習慣化するには物理的に「モノ」が目に入るのが大事で、毎日配達してもらえる紙の新聞が向いている。電子版より紙を強く推奨します。

新倉　私も新聞はリアルタイムで追い続けることに価値があるものだと感じました。少しでもためてしまうと、もう読まなくなってしまう可能性があるなと思って、最初のうちは意識してちゃんと毎日読むようにしていました。そうすると、だんだん昨日の話の続きが気になってきて、いつの間にか毎日自然と開くようになりました。

高井　そうそう。ためないことが大事。インクが乾くまでしか価値はないからね。

新倉　新聞を読み始めてから「いいな」と感じたことがあって。SNSだと「いま炎上している二ュース」ばかりが目に飛び込んでくるんですよね。匿名アカウントが酷いことを言って荒れているとか。そういうのばかりに時間や感情なんかのリソースを割くのは、もったいない。でも、そんな有益とは言えないことで変な快感を得て、癖になっている人もたくさんいるでしょう。

高井　山ほど、いるだろうね。

新倉　そういう情報に接すると、脳内麻薬が出るのかな。中毒だと感じます。新聞から情報を得る方がずっと健全で快適でした。少なくとも、ネットで毎日起きている、何の役にも立たない話で不愉快になるよりはずっといい。新聞も、意外と面白いニュースが多いですからね。「うなぎ稚魚3割減」とか。

高井　出た、うなぎ（笑）

布施川　ありましたね、うなぎ！（笑）

栗田　うなぎの記事、私も破って取ってあります（笑）

新倉　うなぎの話は何度でも盛り上がるなー（笑）　よくわからない炎上ネタなんて世界から見たら些末な問題ですし、こういう情報の方が面白いですよね。

高井　ネットメディアはトラフィックが命なので、人間の弱いところを突いてくる。好奇心とか嫉妬とか怒りとか、感情を操作して、情報を追いかけたくなる意識を利用する。たとえ時間の無駄だとわかっていても、アプリを開いてしまえば、なかなかあらがえない。正直に言うと、日経新聞でも、電子版の見出しには、若干、その気があります。検索で見てもらいやすいようにキーワードを盛りこむ、みたいなこともある。紙の新聞の方が、その点かなり抑制的に作ってあるので弊害が少ない。

新倉　そうですね。こちらの感情を無駄に煽らないようにしていると感じました。

高井　だから面白くないんだ、という意見もあるかもしれないけど、感情的なリソースをもっていかれないから、読んでも疲れないんです。最低、前文だけ読めばいいわけだから、Xのポスト1本分程度でしょ。気になる記事があった時だけ全部読めばいい。「うなぎ」とかそうだったでしょ？

新倉　たしかに、「うなぎ」は気になって読んでしまった。

高井　仮におふたりがいい歳したビジネスパーソンだとして、その記事を読んでれば、しばらく飲み会の話題に困らないよね（笑）「うなぎの稚魚がねぇ……」って。

布施川　すでにこのミーティングで「うなぎ」はメッチャこすってますよね（笑）

新倉　そういえば私、「気候変動でリンゴやオレンジが作れなくなる」って記事を読んでから、何かの会話で「青森でリンゴ作れなくなるかも」って話しました！

高井　連続テレビ小説的には、カカオ豆の一連の物語も、よかったよねぇ（笑）

栗田　わかります！

布施川　そうそう！「あ、価格落ちたんだ！」ってなりました（笑）

新倉　布施川さんが以前、カカオ豆の不作の話で盛り上がってたの、よく覚えています（笑）

高井　これも30日間ずっと読んでたから面白いんですよね。「カカオ、メチャクチャ上がってる～」から、「うわ～！　バブルはじけたぞ～」みたいにオチが付いたから、面白い。情報を追っていれば興味深く読めるし、「こんなことが起きてるんだよ」ってウンチクを傾けられる。

新聞のコスパは？

高井　さて、30日間読んでみて、コスパ的にはどうでしたか。

布施川　1か月で6000円。それでこれだけの情報が得られるなら安い。6000円って、マンガ10冊も買えばって金額ですよね。僕はマンガが趣味なのでそっちもアリだと思うけど、比較しても、かなりコスパのいい6000円の使い方ではないかと思いました。1日10分で新聞を読むとして、30日で300分。5時間分の娯楽と、世間を渡っていく常識が手に入る。アリですね。

高井　おおー。新倉さんは、どうですか。

新倉　すごく勉強になったし、紙の新聞を読むことにも慣れてきたのですが、実は来月からは電子版だけにしようかと考えています。電子版の「紙面ビューアー」の機能なら、タブレットでも紙面そのままの形で読めると知って。紙の新聞はかさばるし、毎朝取りに行く手間もないので、こっちの方が私の生活には合っていると感じました。

高井　タブレットならいいかもね。スマホだと、紙面ビューアーは読みにくいかな。紙の新聞のメリットの一覧性が損なわれる気がします。個人的には、画面の大きさが同じでも、

PCよりもタブレットの方が紙面ビューアーは見やすいと思う。ソファに座って、だと本を読む姿勢に近くて視線が下がるからかな。

新倉　電子版、かなり便利ですね。ページの切り替えも早いし、キーワードで記事を検索できるし。物理的に破くことはできませんが、記事単位でスクラップできます。

高井　紙はどうしても場所ふさぎだし、紙面を破ると家族が読めなくなるとか、検索できないとか、いろいろと不便な点はありますからね。そこは自分に合っているのはどちらか考えて選択すれば良いよね。今、1日にどれくらいの時間かけて読んでますか。

新倉　最初は1時間以上かけていましたが、いまは気楽に10～15分くらいですね。

高井　それだけの時間で得られる情報量として、いわゆる「タイパ」はどう？

新倉　メチャクチャいいです。無為にネットを眺める10分より、ずっと良質な時間です。ニュートラルで根拠のある知識が増えますからね。

高井　スマホは便利だけど恐ろしいデバイスです。朝起きてすぐスマホを見ちゃったら、布団のなかで10分なんてあっという間に過ぎちゃう。スマホのアプリを開く前に、新聞を取りに行くことを習慣にすれば、エコーチェンバーから逃れられる。だらだらスマホと情報の偏りから逃れられる点だけでも、新聞は良いツールです。

布施川　そうですね。

高井　あえて付け加えると、僕はいい歳したオトナやもっといい歳したご老人も新聞をちゃんと読んだ方がいいと思っています。最近、リタイヤした親世代が筋の悪いYouTubeにハマって、洗脳されて陰謀論に染まるって話、聞きますよね。そんなリスクから身を守るために、新聞って良い予防、ワクチンになるんです。いま、スマホ中毒で一番怖いのは陰謀論の落とし穴ですよ。わりとまともな人でも簡単にハマるから、恐ろしい。

布施川　陰謀論にハマっちゃうと「新聞は○○を隠蔽《いんぺい》している！」とか言い出しそう。

高井　新聞って、そんな大したモンじゃないですよ。サラリーマン記者がヒイヒイ言いながら作ってる、ただのテキストメディアです。慢性的にネタに困っているから、隠蔽とかしてる余裕もない。「メディアが報じない隠された真実」なんて、九分九厘《くぶくりん》、デタラメだと思った方がいいし、「メディアの情報の方が真実」なんてことも99％ない。取捨選択するのは自分です。「メディアは全部ウソ」とか言い出しちゃうと洗脳から覚めるのが大変だから、適切な距離感で雑多な情報を摂取しておいた方がいい。なーんて、かくいう僕も実は、中学2年生頃まで陰謀論にハマっていました（笑）

一同　ええ⁉

高井　ノストラダムスの大予言とか、月刊誌『ムー』とか、真に受けてね。でも、ある時、開高健の本を読むようになって、「俺はなんて無知なんだ！」と目が覚めた。陰謀論って、「俺だけが真実を知っている」という全能感があって、気持ちいいんですよ。ひとつの神話を信じればいいから、情報摂取をサボれるし。僕は読書がきっかけで足抜けできたけど、新聞にも同じような効果があると思う。活字を読むことに慣れるのも大きい。

布施川　いま僕は予備校で国語を教えています。生徒を見ていると、かなり文章が読めなくなっていると感じます。1時間与えても1000文字、2000文字の文章が読めない。

高井　逆に言えば、そこはチャンスとも言える。少し長い文章が読めれば他の人と差がつけられる。まず1日15分、新聞を読めばいい。

新倉　みんなが読まない時代だから、読むだけで差がつくんですね。

高井　最初はつらいかもしれないけど、すぐ慣れるから。やはり習慣にすることが一番大事ですね。

栗田　習慣化を図るために、お試しでとってみるのもいいでしょうね。

中上級者向けのおまけ

高井　新倉さん、布施川さん、おふたりが立派な「新聞を読む人」になってくれて、今回のプロジェクトは大成功に終わりました！　とても嬉しいので、最後にちょっと今後のためのオマケのお話をしましょうか。

布施川　おまけ、とは。

高井　中上級者向けの新聞の読み方。

新倉　おー。ぜひぜひ。

高井　まずは読まなくていい記事の見分け方から行こうか（笑）

布施川　社説は読まなくていい、と聞いたような。

高井　そうでした。関心のあるテーマの時にサラッと読めばいい。同じように、よほど興味のあるテーマじゃなければ、特集面もスルーでOKです。

新倉　特集面？

高井　特定のテーマを数ページにわたって取りあげる大型企画ですね。よくあるのが都道府県や地域の行政の取り組みや企業、大学なんかの動きをまとめたヤツ。その時々に旬のテーマでやったりするんだけど、正直、普段の紙面に比べると薄味で、若干宣伝臭がします。あと日経が主催しているイベントで、ゲストのインタビューや講演がずらーっと並んでいるのも、収穫少なめかな。

布施川　しっかりまとめてあるなら有益そうなのに、なぜですか。

高井　これは記者時代の自分の主観だけど、特集面って「やらされ感」が強めなのね。宣伝臭がしちゃうのも、広告主導だったり、イベント主導だったり、報道というよりビジネスの側面が出ちゃうからかな。やっぱり、記者自身が自分で「これは面白い」と思って取材して書いた原稿には、負けちゃう。

新倉　普通の記事で、高井さんが「これはパス」みたいなのありますか。

高井　主語が政府かお役所で、見出しの中に「検討」みたいな単語が入っている政策関連の記事は、たとえ1面に載っていても、中身はまず読まないね。

布施川　前に選挙報道について言ってた、「決まったら教えてよ」みたいな感じですか。

高井　まさに、そう。その政策で直接影響を受ける関係者以外には、検討段階の情報を追いかける意味はほぼないでしょ。役所側が世間や関係者の反応を見ようとしてリークしている場合もあるし、そんなのに付き合う必要はない。

栗田　めくるスピードが上がりそうです。ほかには？

高井　これは極論として聞いてほしいんだけど、株式や為替、債券のマーケットの記事は総合面に載った時だけ読めばいいいんじゃないかな。

布施川　でも、高井さん、メッチャ破いてましたよね。

高井　それは僕が今、そっち関連の仕事をやっているからです。28年の記者生活の半分以上がマーケット関連の担当だったから、読んでて楽しいし、最新事情に置いて行かれたくない気持ちもある。

新倉　自分がやってたのに、読まなくていいって……。

高井　マーケット記事ってマニアックなんですよ。ガッツリと投資やってる人向けに書いている。毎日紙面があるから、わずかな変化や予兆をとらえて記事にしている。普通の人にとっては、覚えなきゃいけない専門用語も多いし、ハードル高すぎ。「これ分からないと」とか思って新聞読まなくなったら意味ないでしょ。自分で投資をやるようになって興味が向いたら読めばいいと思うよ。

布施川　マーケットの面、けっこう好きですけどね。

高井　ああ、企業の業績なんかを取りあげている記事は目を通した方がいい。読む人を選ぶのは、日々の株価や金利の動きを分析するような、純粋なマーケット記事のことね。あとは「経済教室」は難しすぎるから基本スルーでOKです。

布施川　逆に、これはがんばって読んだ方がいいという記事は。

高井　こっちの話題の方が日経の人に怒られなくていいな（笑）　僕がよく読むのは翻訳記事ですね。ＦＴ（Financial Times）とか、The Economist のロゴのカットが入っているから、気を付けていると見落とさない。

新倉　それは日経の記事より質が高いから、ですか。

高井　いやいや（笑）　単に英語で読むより楽だから。

布施川　まさかのメンドクサイだった（笑）

高井　でもね、実際、翻訳記事の価値って高いですよ。今どき、ＡＩに食わせればサクッとできそうな気がするだろうけど、そうでもない。ＡＩの翻訳だと、元の英文が想像できる人、基礎知識がそこそこある人じゃないと読めない代物になっちゃう。良い記事を選んで丁寧に訳してくれているのはありがたい。ＦＴの署名記事は、書いている記者によって読むか読まないか決めるケースが多いけど、世界最高の雑誌とも言われるThe Economistの翻訳は必ず読んでます。欧米メディアのトーンが分かるのも貴重です。

新倉　読む記者、読まない記者って、何を基準に決めてるんですか。

高井　完全に個人的な好みです。僕の推しはジャナン・ガネシュとギデオン・ラックマン。ふたりとも国際情勢のエキスパートだね。ガネシュは記事に当たり外れがあるんだけど、視点が独特なので「そういう見方もあるな」と気づかされることが多い。ラックマンは俯瞰して状況をまとめるのがうまい。ふたりとも文体がシニカルでドライなのも僕の好みに合ってます。

新倉　日経も署名入りがけっこう多いですよね。そっちも読む人、読まない人がいる?

高井　見かけたら必ず読むのは秋田浩之さん、松尾博文さん。秋田さんは安全保障や地政学、松尾さんは中東とエネルギー問題の専門家です。ファクトやデータ、コメントが詰まっていて、原稿がメチャクチャうまいから読みやすい。読めば必ず勉強になるので「きょうはコレだけで元が取れたなー」と思うことも多いです。あと、友人とか元部下は読んじゃうね。「みんな、がんばってるなー」みたいな気分で。

布施川　高井さん、辞めたばっかりですもんね（笑）では、読まない方は？

高井　そちらはカドが立つのと、変な先入観をもってほしくないから内緒（笑）でもね、毎日読んでいれば、そのうち「この人の記事、面白いな」って記者が出てくると思う。打率が5割を超えてたら、自分にとって相性の良い書き手だと思っていいんじゃないかな。書き手と関係なくほぼ読まないのは、ある種のインタビュー記事ですね。

布施川　ある種の、というと？

高井　無難なことしか言ってないだろうなー、というインタビュー。紙面を作っていた経験があるからか、匂いで分かります。一般論として「自分で責任を取れない人」の話は無難になりがちでしょ。企業モノなら、もちろん例外はあるけれど、オーナー経営者の方がサラリーマン社長より面白い。政治家や官僚も建前が多いから見出し読んでおしまいかな。

新倉　逆に、読むインタビューってどんなのですか。

高井　現場を知っている人が現場をフラットに語っているもの。たとえば物流会社の社長が、ドライバー不足がいかに大変か、モノの動きから見ると景気の現状はこうだ、と話している、とかね。一次情報として価値が高い。「世の中、こうなりそうだ」みたいな予測や見通しは、未来なんて誰にも分からないんだから、斜め読みします。

布施川　なるほど。

高井　でもね、これも好みですよ。インタビューは読みやすいから、入りやすいならそこから読んで慣れるのも全然アリ。新聞なんて、好きなように読めばいいし、気が進まない部分は読まなくていいんです。

たかが新聞、されど新聞

栗田　最後に今回の「新聞の読み方」のまとめをしておきたいです。

新倉　最初は「毎日15分、とにかくめくって、見出しだけ読む」から始まりました。

高井　レイアウトと磨き抜かれた見出しの情報量が多いから、ですね。最近、うちの娘にこの企画の話をチラッとしたら新聞を読むようになって、「デカすぎて広げる場所がない」とブーブー言ってるんだけど、デカい紙で一気に見られる一覧性はむしろメリットです。

布施川　それと、分からない言葉はスルーして、どんどんめくる、と。第2のステップが「ちょっとでも気になったらページごと破る」でした。ストックしても良し、読まずに捨てても良し。

高井　新聞はすぐ価値がなくなるから、すぐ捨てる。これが鉄則。そして「読み方」の最後は「大きい記事は前文（リード）だけでも読んでみる」でしたね。これだけでＯＫ。あとは読みたい記事を読めばいい。

新倉　新聞は連続テレビ小説だから、続けて読めば「流れ」が見えてくる、っていうのも実感あります。

高井　最後に一言。これだけ読めって言っておいてアレですけど、新聞なんて大したモノじゃないですよ。影響力も下がっているし、特に紙の新聞は絶滅危惧種。難しいと身構えたり、過剰に敵視したりするほどの存在じゃない。でも、長年培ってきた「型」と新聞作りに注ぎ込まれているエネルギーは侮れない。たかが新聞、されど新聞、なんです。いつ無くなっちゃうか分からないから、読めるうちに使い倒した方がいい。読む人が増えればメディアとしての寿命が延びるかもしれない（笑）とにかく、１か月、おつかれさまでした！　よかったら、これからも続けてみてくださいね。

新倉・布施川　ありがとうございました！

（布施川）

「新聞＝オジサンのもの」じゃない

今回、高井さんのお誘いから1か月間日本経済新聞をとって読んでみたわけですが、これはこれからの人生にいい影響を及ぼすだろうと感じさせられました。正直、今回新聞を読んでみろと言われるまでは「新聞＝おじさんが手に取るもの」とイメージしていて、なんとなく日常を生きていました。もちろん新聞のもたらす価値については予想できていましたが、「たぶんいいものなんだろう」とぼやけた感想しか持てない程度でした。「いいものだろうけど、難しそうだし、今の自分にはいらない」。そう判断していました。

「なんか政治とか経済とかの難しいことばっかり書いてあると思ってたけど、違うんだ！」

これが、新聞を読んだ第一の感想でした。もちろん、小難しいことはたくさん書いてあります。ですが、それがすべてではない。対談中にもあったように「カカオ豆が高騰している」とか「うなぎの稚魚が減っている」のような、我々の生活にもろに影響してくるような部分についても記載がある。

話は変わるようですが、僕の趣味はマンガとゲームです。これらの趣味が、僕よりも上の世代の人たちから受け入れられるようになればいいな、と常々思っていました。すこし昔の表現ですが、いまでもご年配の方はゲームをまとめて「ファミコン」とか「ピコピコ」と呼ぶ方がいらっしゃいます。本当は違うのに、もっと奥が深くて、考え抜かれて設計されたものなのに、どうして知ろうとしないんだろう。そう感じていました。

ですが、今になって気づきました。この態度は、新聞に対する自分の態度といっしょではないか、と。「新聞＝おじさんのもの、小難しいことばっかり」とレッテルを貼って、中身を見ようとしてこなかったのは、自分も同じではないか。恥じ入る気持ちでいっぱいでした。そういった意味で、新聞は単なる情報メディアのひとつである以上に、自分の人生観を大きく広げてくれたものでした。

これからの人生で、きっと僕は思いもつかないような大発明をたくさん目にしていくことでしょう。そうしたものに対して「自分とは関係ない」とそっぽを向くことのないように、生きていきたいと感じます。

（新倉）

世界を見る解像度が上がる

子供の頃の私は読書が大好きで、周囲から「活字中毒だ」と評されるほどでしたが、そんな私ですら大人になるにつれて活字に触れる時間が減っていきました。情報収集ならスマホで事足りるし、毎日忙しくてゆっくり読書する時間なんてないから仕方ない、そう自分に言い聞かせては危機感に気づかないフリをしていました。

1日目に初めてひとりで紙の新聞を開いたとき、活字を目で追うだけですぐに脳が疲れ、紙面の上を目が滑り、一読しても何の話をしているのかさえ把握できない自分に愕然としました。あまりの衰えにショックを受けて、そんなはずがないと意地を張り、記事の内容を文章でまとめたり知らない単語を逐一調べたりして負荷のかかる読み方をしてしまいました。

そんなとき、高井さんから「もっと気楽に、見出しだけ読めばいいんだよ」と声をかけられました。それじゃ新聞を読む意味ないんじゃないかと疑いながらも、言われた通りに見出しを眺めるところから始めてみると、なんだか自信がついてきて、活字への抵抗が薄れていきました。少しずつ本文も読めるようになり、やがて記事の内容を吟味できるようにまでなりました。

新聞が読めるようになると、私が普段なにげなく暮らしている間にも世界では様々な出来事が起こっていて、それが全体として大きな流れを成していることが見えてきました。日々のニュースを広い視野でとらえられるから、扇情的なニュースに踊らされて一喜一憂することが少なくなり、冷静に物事を考えられるようになりました。

企画が終わった今でも、電子版に切り替えて新聞の購読を続けています。紙面のレイアウトそのままの形で読めるので、高井さんと学んだ新聞の読み方がそのまま活かせています。日々少しずつ知識が積み上げられ、世界に対する解像度が上がっているのを感じます。新聞を読むという習慣に出会えて本当によかったです。

（高井）

「ゼロから」でも新聞は読める

「1か月、紙の新聞を読んでみる」という時代錯誤《さくご》（?）な企画が、単なるオジサンの押し付けに終わらず、予想以上の好反応のうちに終わってホッとしています。28年も新聞作りに携わり、「大人になったら新聞くらい読め」という世代でもあり、私には新聞は当たり前すぎて客観的に向きあえない存在です。デジタルネイティブのおふたりがオールドメディアの良さを認めてくれたのは、自分でも意外なほど嬉しかった。

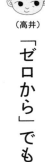

それでも、あらためて痛感したのはジェネレーションギャップです。今の若い人たちは、新聞に触れる機会が乏しく、新聞の基本的なつくりや読み方をほとんど知らない。どの家庭の茶の間にも新聞があった時代はとうに過ぎたと分かっていても、「新聞くらい、読む気になれば読めるだろう」と思いこんでいるところがありました。

そういう前提は全部取っ払った企画のおかげで、ゼロから新聞が読めるようになる楽しい本ができた、と手応えを感じています。同世代か私より上の世代の方々は「こんな当たり前のことをわざわざ本にするな」と思うかもしれませんが、皆さん、それこそがジェネレーションギャップです。

おふたりのポジティブな反応をみて反省しているのは、我が家の三姉妹にもっと早く新聞の読み方を伝授しておけば良かった、ということ。小さい頃、『朝日小学生新聞』は読んでいたのですが、「おとなの新聞」は勧めても無駄だろうと諦めていました。

ところが、この企画が始まってから、私流の読み方を説明してみたら、毎日とは行きませんが、娘たちも新聞を読むようになったのです。「読む」というよりは「めくる」に近いかな。おかげで朝一番で読む私が「破る」わけにいかず、ちょっと不便を感じています（笑）

ともあれ、新倉さん、布施川さん、おつかれさまでした！

おわりに

最後までお読みいただき、ありがとうございます。

この本は1本のDM（ダイレクトメッセージ）から始まりました。

日経新聞を辞めると公表した2023年6月1日、本書の担当編集者の栗田さんから「一緒に本を作りましょう」とご提案をいただきました。その1週間後には「企画を思いつきました！」と再度DMが届きました。本の仮タイトルは「一周まわって、新聞こそが教養の土台になる。」でした。

いい歳したオトナなので「こう来ましたか！」と返事しつつ、内心、「いや、それは無理があるだろう」とスルーしてしまいました。「はじめに」に書いた通り、現役記者時代の私は「もう紙の時代は終わった。これからはネット」と思い込んでいたからです。

ところが。

退社して3か月ほど経つと、「紙の新聞」は私にとって欠かせないメディアになっていました。その実感をXに投稿したところ、多くのポジティブな反応がありました。

振り返ると、私の変化は「ニュースのシャワー」から抜け出したから起きたようです。新聞記者時代は、国内外のニュースチェックや専門家のリポートなど1日に2~3時間は情報収集に費やしていました。日々、新聞づくりを裏側から見ているのでニュースの流れも把握できる。紙の新聞は「事後チェック」の手段でしかありませんでした。

そんな渦から抜け出し、フリーランスとして活動を始めてみると、日々のニュースをバランスよく摂取するのが大変な作業だと痛感しました。ネットではどうしても情報が偏ってしまう。目も疲れるし、時間もかかる。

弱ったな、と思って始めたのが、惰性で購読を続けていた日経新聞に朝食時にしっかり目を通すことでした。そして今更ながら、紙の新聞の圧倒的な利点を再発見したのです。

普通の人にとって、新聞ってこんなに便利だったのか。灯台下暗し《とうだいもとくら》しであり、目から鱗《うろこ》でした。そこから企画が動き出し、ようやく形になったのが本書です。

紙の新聞の様々な利点は本文に書いた通りですが、最後にあらためて強調したいのは「陰謀論のワクチン」の側面です。たかが新聞にそんな力があるのか、と疑う方もおられるでしょう。でも、「たかが新聞」だからこそ、そんな効果があるのだと私は思います。

新聞記事の大半は主義・主張抜きのファクトの報道です。特に日経はいい意味でノンポリです。あえて言えば、経済問題はグローバリズム・新自由主義寄り、社会問題はややリベラル寄り、イノベーションと財政再建とアジアが大好き、くらいが偏向というか「癖」でしょうか。

大半はそんな匂いすらしない、事実関係を伝える記事なのです。ぶっちゃけた話、大したことが書いてあるわけではないし、いまどき絶大な影響力があるわけでもない。たかが新聞を読んだ程度で「洗脳」されたり、バカになったりする心配はありません。SNSや動画サイトの方がよほど危ういのは皆さん、実感されているところではないでしょうか。

毎日めくっていると実感しますが、新聞記事は雑多でバラバラです。同じ日の紙面で、物価が上がりそうなニュースもあれば、下がりそうなニュースもある。景気が良さそうな記事もあれば、悪そうな記事もある。希望が持てる話もあれば、ろくでもない話もある。記事のベクトルが綺麗にそろっていることなど、滅多にありません。

なぜなら、それが現実の世界だからです。

陰謀論の特徴は「ひとつの真実」に目覚めれば、複雑な世界がすべて説明可能になることです。それはとても楽チンで、優越感を刺激してくれます。「自分と同志だけが『真実』を知っている」と思えば、周りがバカに見えてくる。気持ち良いのでますます「内輪」に引きこもる。こうなると抜け出すのは容易ではありません。

私自身、少年の頃にはどっぷりと陰謀論にハマっていました。そこから抜け出した顛末を書いたnote「陰謀論の『甘い夢』を打ち砕いた文豪」の中に、私はこう記しました。

〝世界には、完璧な善もなければ、完全な悪もない。
「これだけで世界が理解できる」なんて便利な物差しも、この世にはない。
足場を固めて、手が届くところから、少しずつ理解を広げることしか、私たちにはできない。〟

新聞は「これだけで」などという便利なものではありません。「たかが新聞」ですから。でも「手が届くところ」を広げるのに、こんな便利なものはそうそうありません。

小難しい話はこの辺りで切り上げまして。

新聞の良さを伝えたいけれど、ストレートに文章にすると堅苦しいオジサンの説教になってしまう。そこで、友人であり、教育ベンチャー「カルペ・ディエム」代表にしてベストセラー作家でもある西岡壱誠さんに、「若い人との対話方式で本を作りたい」と協力をお願いしまして、新倉さん、布施川さんにご出陣願いました。私は一応、カルペ・ディエムの相談役を務めております。こちらが西岡さんに相談してばかりですが。

編集者の栗田さんを交えたミーティングは毎回笑いが絶えない愉快な時間でした。若いおふたりの新鮮な感想や鋭いツッコミのおかげで、リズムよく、読みやすい本になりました。ひとりで天井を見て書かなくて良かった。

新倉さんと布施川さんが録音から起こしてくれた文章をベースに、私が全面的に改稿・再構成する形で本書は完成しました。ユニークな本が生まれたのは、おふたりと西岡さんのご協力の賜物です。あらためてお礼を申し上げます。おふたりの発言を含め、本書に瑕《か》瑕《し》があれば、それは著者の高井の責任に帰するものです。

日経新聞の諸先輩・同期・後輩の皆様。日々、紙面を拝読しております。おかげさまでこんな本ができました。面白おかしく書いてしまったところもありますが、「新聞をもっと多くの人に読んでもらいたい」という思いのなせる業とご笑覧いただけると幸いです。

最後に、お子さんや児童・生徒・学生、部下に新聞を読んでほしいと願う大人の皆様へ。新聞も本も、「読め」と言われても、若い人は読みません。下手をすると、すすめるほど、逆効果になりかねない。

最良の方法は「大人が楽しんで読んでみせる」です。私は待ち伏せ型あるいは「トムとジェリー方式」と呼んでおります。まずは本書をニヤニヤしながら読んでいただき、その後は新聞を興味深げに毎日読む姿を見せる。「隗《かい》より始めよ」ですね。

本書と新聞を、できるだけ多くの方が手に取ってくださることを願って、筆を擱《お》きます。

高井宏章

星海社新書
319

新聞《しんぶん》のススメ　1日《にち》15分《ふん》でつくる教養《きょうよう》の土台《どだい》

二〇二四年一一月二五日　第一刷発行

著　　者　高井宏章《たかいひろあき》

発　行　者　太田克史《おおたかつし》
編集担当　栗田真希《くりたまき》
聞き手・編集協力　新倉和花《にいくらのどか》　布施川天馬《ふせがわてんま》

発　行　所　株式会社星海社
〒一一二-〇〇一三
東京都文京区音羽一-一七-一四　音羽YKビル四階
電　話　〇三-六九〇二-一七三〇
FAX　〇三-六九〇二-一七三一
https://www.seikaisha.co.jp

発　売　元　株式会社講談社
〒一一二-八〇〇一
東京都文京区音羽二-一二-二一
(販　売)〇三-五三九五-五八一七
(業　務)〇三-五三九五-三六一五

印　刷　所　TOPPAN株式会社
製　本　所　株式会社国宝社

アートディレクター　吉岡秀典《よしおかひでのり》(セプテンバーカウボーイ)
デザイナー　五十嵐《いがらし》ユミ
フォントディレクター　紺野慎一《こんのしんいち》
イラスト　葉月《はづき》
校閲　鷗来堂《おうらいどう》

ISBN978-4-06-537688-1
Printed in Japan

319
SEIKAISHA SHINSHO